产业内贸易理论与经验研究

——以中国工业制成品为例

项义军　赵阳阳　著

经济科学出版社

图书在版编目（CIP）数据

产业内贸易理论与经验研究：以中国工业制成品为例／项义军，赵阳阳著．—北京：经济科学出版社，2015.7
ISBN 978 - 7 - 5141 - 0198 - 0

Ⅰ.①产… Ⅱ.①项… ②赵… Ⅲ.①工业产品 - 制成品 - 对外贸易 - 研究 - 中国 Ⅳ.①F752.654

中国版本图书馆 CIP 数据核字（2015）第 147429 号

责任编辑：凌　敏　程辛宁
责任校对：徐领柱
责任印制：李　鹏

产业内贸易理论与经验研究
——以中国工业制成品为例
项义军　赵阳阳　著
经济科学出版社出版、发行　新华书店经销
社址：北京市海淀区阜成路甲 28 号　邮编：100142
教材分社电话：010 - 88191343　发行部电话：010 - 88191522
网址：**www. esp. com. cn**
电子邮件：lingmin@ esp. com. cn
天猫网店：经济科学出版社旗舰店
网址：http：//jjkxcbs. tmall. com
北京季蜂印刷有限公司印装
880 × 1230　32 开　6.5 印张　170000 字
2015 年 8 月第 1 版　2015 年 8 月第 1 次印刷
ISBN 978 - 7 - 5141 - 0198 - 0　定价：20.00 元
（图书出现印装问题，本社负责调换。电话：**010 - 88191502**）
（版权所有　侵权必究　举报电话：**010 - 88191586**
电子邮箱：**dbts@esp. com. cn**）

前　言

　　第二次世界大战后，国际贸易实践发生了许多突出的变化。其中最重要的变化是在发达国家间出现了一种新的贸易模式，即一国既出口工业制成品，又进口相似的工业制成品，或者说两国彼此交换同一产业所生产的产品。20世纪60年代以后，这种贸易模式在发达国家得到了迅猛的发展，后来又在一些新兴工业化国家和发展中国家得到了迅速的发展，并逐渐成为国际贸易中的主导模式。专家与学者们将一国同时出口与进口同类产品的贸易方式称为产业内贸易，也称为双向贸易或重叠贸易。根据世界贸易组织的统计数据，2004年北美自由贸易区贸易总额的88%属于产业内贸易，东亚贸易总额的72%是以产业内贸易的方式实现的。按照传统的国际贸易理论，大量的贸易应发生在劳动生产率、要素禀赋存在较大差异的发达国家与发展中国家之间，彼此间交换的产品应为差异较大的初级品与工业制成品，传统的国际贸易理论无法就一国同时出口和进口同类产品的现象做出合理的解释，专家与学者们试图运用规模经济与不完全竞争市场等来解释这种贸易模式，新国际贸易理论即产业内贸易理论由此产生，并成为近四十年来国际贸易研究的前沿课题之一。

　　战后经济全球化使国家间的经济联系日益紧密，每个国家都成为整个国际分工体系中不可或缺的链条。世界范围内产业内贸易的发展以及由此引发的国际市场产业竞争的加剧，势必对中国参与国际分工的方式产生不可忽略的影响。产业内贸易的发展对于优化产品出口结构，加快工业化进程，改善国际分工地位，乃至减弱开放经济对国内劳动力市场的冲击都具有重要的作用。中国要实现从贸易大国向贸易强国的转变，扩大参与国际分工的深度，就要顺应全球贸易的发展方向，充分利用两种资源两个市场，大力发展产业内贸易，尤其是工业制成品的产业内贸易，以转变经济增长方式，提高发展质量，实现科学发展。

本书将依据相关产业内贸易理论，借鉴国内外已有的研究成果，将中国工业制成品产业内贸易置入世界经济一体化以及中国改革开放三十余年来对外贸易高速发展的背景中，在科学界定产业分类、产业内贸易概念的基础上，利用 1992 ~ 2012 年的面板数据，从产业与国别两个角度分别考查中国工业制成品产业内贸易的发展水平，研究判断中国工业制成品产业内贸易的类型，以寻找中国工业制成品产业内贸易发展的特征与内在规律；同时建立回归模型，对中国工业制成品产业内贸易与经济增长的关系进行协整分析与因果检验；选取人均 GDP 水平、贸易不平衡程度、规模经济状况和外商直接投资四个影响产业内贸易的因素，分别进行回归分析与因果关系检验。在上述分析研究结论的基础上从政府与产业两个层面提出中国乃至发展中国家发展工业制成品产业内贸易的对策建议。

本书在写作过程中，参阅、吸收、借鉴了国内外众多专家学者的研究成果，在此谨表谢意。在本书研究过程中，哈尔滨商业大学 2010 级国际贸易学专业的硕士研究生齐福同学，做了大量的基础性工作，在此深表谢意。

由于笔者学识、水平的局限，不足之处在所难免，恳请专家、学者批评指正。

2014 年 12 月作者于哈尔滨

目　　录

第一章 导 论

第一节 研究的背景与意义

一、研究的背景

(一)理论背景

古典国际贸易理论的创始人 Adam Smith（1776）在《国民财富的性质和原因的研究》（简称《国富论》）一书中，提出了绝对优势理论。他认为，成本的绝对差异是两国之间进行分工的基础，也是国际贸易产生的原因，为此，两国可以按照"以己所长，换己所需"的原则参与国际分工；古典国际贸易理论的另一重要代表人物 David Ricardo（1817）在 Adam Smith 绝对优势理论基础上提出了比较优势理论。他认为，国际分工与国际贸易的产生是基于比较优势，即只要两国在生产成本或劳动生产率上存在相对差异，就可以通过"两优取重，两劣择轻"的比较优势原则进行商品交换；以 Eli Heckscher 和 Bertil Ohlin（1933）为代表的新古典国际贸易理论在比较优势理论的基础上，提出了生产要素禀赋理论，即国与国之间开展贸易的基础在于两国要素禀赋上的差异，因此在国际贸易中，一国应当出口较多使用本国丰裕要素生产出来的产品，而应进口较多使用本国稀缺要素生产出来的产品。古典国际贸易理论与新古典国际贸易理论所解释的国际贸易，均是指不同国家间交换不同产业间产品的贸易活动，即发生在完全不同的劳动生产率、不同类型的生产要素禀赋的国家之间的贸易。

第二次世界大战后，国际贸易领域出现了两种新的倾向。一是西方发达国家间的贸易量大增。20 世纪 50 年代，西方发达国家贸易量占世界贸易总额的 2/5 左右；20 世纪 60 年代，这一比例上升到 2/3 左右；到 20 世纪七八十年代以后，这一比例已攀至 3/4。二是在发达国家间的贸易中，出现了一种新的贸易模式。一国既出口工业制成品，又进口相似的工业制成品，即同时出口和进口同类产品，或者说两国彼此交换同一产业所生产的产品。20 世纪 60 年代以后，这种贸易模式率先在发达国家得到了迅猛的发展，后来又在一些新兴工业化国家和发展中国家得到了迅速的发展，并逐渐成为国际贸易中的主导模式。有别于产业间贸易，专家与学者们将一国同时出口与进口同类产品的贸易方式称为产业内贸易，也称为双向贸易或重叠贸易。根据世界贸易组织的统计数据，2004 年北美自由贸易区贸易总额的 88% 属于产业内贸易，东亚贸易总额的72% 是以产业内贸易的方式实现的。按照传统的国际贸易理论，大量的贸易应发生在劳动生产率、要素禀赋存在较大差异的发达国家与发展中国家之间，彼此间交换的产品应为差异较大的初级品与工业制成品，传统的国际贸易理论无法对发达国家间同时出口和进口同类产品这种贸易模式给出合理的解释。

　　Verdoorn P. J.（1960）对荷兰、比利时、卢森堡经济联盟内部的贸易模式所发生的变化情况进行研究时，发现经济联盟内部各国专业化生产的产品大多为同一贸易分类目录下的商品，这就是所谓的"产业内贸易"现象。该现象引起了理论界的关注，专家与学者们试图运用规模经济与不完全竞争市场等来解释这种贸易模式，新国际贸易理论即产业内贸易理论由此产生。自 Verdoorn 发现产业内贸易现象以来，学者专家们从不同的角度、不同的层面围绕产业内贸易水平的测量、产业内贸易产生的原因、产业内贸易的影响因素等对产业内贸易进行了一系列的实证检验与理论研究。

（二）现实背景

1. 全球化与科技进步使产业内贸易成为国际贸易的主导模式

第二次世界大战后，经济全球化与科学技术的进步，使国际贸易获得了广阔的发展空间，国际贸易实践发生了许多突出的变化。美国经济学家 Krugman G. 把这些变化概括为四个方面，即：产业内贸易普遍提高，尤其是发达国家之间的产业内贸易增长迅速；产品增值链加长；低工资国家大量出口制成品；出现了新加坡等超级贸易国家或地区（指对外贸易依存度超过百分之百）。这些变化中，最重要的变化就是世界范围内产业内贸易的大发展。战后发达国家间产业内贸易发展迅猛，产业内贸易的发展速度超过了产业间贸易，成为贸易利益的主要来源。到 20 世纪 90 年代，11 个发达国家中除日本和澳大利亚外，其余 9 国与世界各国的综合产业内贸易指数均超过 50%，其中，英国、法国两国的综合产业内贸易指数分别达到 82% 与 83%，美的综合产业内贸易指数为 72%；与此同时，许多发展中国家尤其是新兴工业化国家（地区）的产业内贸易也同样迅速发展，甚至达到了某些发达国家的水平，尤其是在机电产品的贸易上表现尤为突出。1987 年，印度产业内贸易指数为 37%，巴西为 45.5%，墨西哥为 54.6%；1999 年韩国、马来西亚、新加坡和中国台湾地区的综合产业内贸易指数都超过了 50%，其中，韩国与马来西亚分别为 53.9% 与 55.4%，新加坡更是高达 69.2%，中国台湾地区达到 52.7%。产业内贸易逐渐演变为战后国际贸易的主导模式，甚至成为各国对外贸易的发展方向，对国际分工和产业发展产生了深刻的影响。美国经济学家 Peter Lindert 认为，当现实发生变化时，理论也会随之变化。世界范围内产业内贸易的大发展吸引了许多学者与专家的目光，对产业内贸易的研究成为近四十年来国际贸易研究的前沿课题之一。

2. 中国对外贸易迅速发展使制造业贸易格局发生变化

改革开放三十余年来，中国经济以前所未有的速度融入国际分工体系，国外的产品、资本、技术和服务不断进入中国，中国的产品也源源不断地输往国外。中国对外贸易一直保持高速发展态势，贸易规模不断扩大，在世界贸易中的地位不断提升。中国的综合国力、国民收入水平、生产力等指标都出现了大幅度的提高。根据《中国统计年鉴》的数据表明，1978 年，中国进出口总额为 206.4 亿美元，在世界位居第 29 位，出口总额仅占世界货物贸易比重的 0.75%；2000 年，中国进出口总额达到 4742 亿美元；2001 年加入世界贸易组织后，中国对外贸易更是以前所未有的速度发展。2004 年，中国对外贸易额首次突破万亿美元，达到 11545 亿美元，成为世界第三大贸易国，出口总额占世界货物贸易的比重上升到 6.5%；2007 年，中国对外贸易额突破两万亿美元，达到 21761 亿美元，稳居世界第三大贸易国席位，出口总额占世界货物贸易的比重继续上升，达到 8.8%；2009 年在世界各国遭遇金融危机的不利影响，贸易总量大幅度下降的前提下，中国对外贸易保持了平稳的发展，对外贸易总额 22073 亿美元，超过德国成为世界第二大贸易国，其中，出口额首次跃居世界第一位，达到 12016 亿美元，占世界货物贸易的比重稳中有升，达到 9.6%；2012 年，在全球货物贸易额仅增长 0.2% 的情况下，中国对外贸易总额达 38669.8 亿美元，仍居全球第二位，占全球份额进一步提升。其中出口占全球比重为 11.2%，比上年提高 0.8 个百分点，连续四年居全球首位；进口占全球比重为 9.8%，比上年提高 0.3 个百分点，连续四年居全球第二位。

在中国对外贸易的高速发展的过程中，随着外贸出口主导战略的转移，中国出口产业结构呈现不断优化的趋势，特别是制造业发展尤为突出，工业制成品出口额不断扩大，在出口产品中的比重逐年上升，成为国民经济的主导。1978 年中国工业制成品出口额仅为 206.4 亿美元，在出口产品中的比重为 46.5%；1992 年制成品出口额为 645 亿美元，在出口产品中的比重上升到 75.5%；1998 年，制成品出口额达到 1632 亿美元，在出口产品中的比重继续上升，达到 88.8%；2008 年出口额升至 13510 亿美元，在出口产品中的比重进一步上升，达到 94.4%；2012 年工业制成品出口保持平稳，当年实现出口额 19468 亿美元，在出口产品中的比重为 95%。经过改革开放三十余年的发展，中国在不少重要工业产品生产方面已成为世界上数一数二的大国，现已有 100 多种制造产品处于世界第一位，覆盖了机械设备、通信设备、家电制造、化工、纺织、医药等十余个行业。2001 年，日本通产省发表白皮书，首次提出"中国已经成为世界的工厂"。这充分表明工业制成品贸易已经成为中国对外贸易的主体，在中国对外贸易中的地位牢不可破。

在中国制造业高速发展的同时，制造业贸易格局发生变化，呈现了产业间贸易与产业内贸易并存的格局。制造业产业内贸易保持稳步发展，尤其是技术或资本密集型产业的产业贸易水平呈现出明显上升的趋势，传统的依靠廉价劳动力出口低技术含量产品的状况在一定程度得到了改善。中国制成品产业内贸易的发展反过来又促进了制造业结构的优化与产品的升级，提高了中国外贸竞争力。

第二次世界大战后经济全球化使国家间的经济联系日益紧密，每个国家都成为整个国际分工体系中不可或缺的链条。20 世纪 90 年代以来，中国的制造业得到了空前的发展，与国际制造业的依存程度不断加深。中国成为世界工厂，离不开国际产业转移以及全球制造业格局的重大变化这样的国际经济背景；同样地，全球范围内产业内贸易的发展以及由此引发的国际市场产业竞争的加剧，势必对中国参与国际分工的方式产生不可忽略的影响。目前，世界上约有 1/4 以上的工业制成品贸易是以产业内贸易的形式出现，特别是对于发达国家而言，产业内贸易已经占其对外贸易额的 60% 以上。学者们的研究表明，产业内贸易的发展对于提升产品出口结构，加快工业化进程，改善国际分工地位，乃至减弱开放经济对国内劳动力市场的冲击都具有重要的作用。中国要实现从贸易大国向贸易强国的转变，扩大参与国际分工的深度，就要顺应全球贸易的发展方向，充分利用两种资源两个市场，大力发展产业内贸易，尤其是工业制成品的产业内贸易，以转变经济增长方式，提高发展质量，实现科学发展。

二、研究的意义

(一) 理论意义

本书以"中国工业制成品产业内贸易研究"为研究主题，将中国工业制成品产业内贸易置入战后世界经济一体化以及中国改革开放三十年来对外贸易高速发展的背景中，以中国工业制成品进出口贸易发展为切入点，从产业与国别两个角度分别考查中国工业制成产业内贸易的发展水平，并结合贸易竞争力指数来分析中国工业制成品产业内贸易的发展状况；同时利用 GHM 法与 Giuseppe Celi 细分法对中国工业制成品 77 个产业的贸易类型进行研究判断；建立模型，对中国工业制成品产业内贸易对经济增长的相关关系、中国工业制成品产业内贸易的影响因素进行检验分析，在此基础上为中国乃至发展中国家发展制成品产业内贸易，扩大参与国际分工提出建议。具体而言，本书力图回答以下问题：中国制成品产业内贸易发展的实际水平如何？目前中国制成品产业内贸易主要属于哪种类型？中国工业制成品产业内贸易与经济增长的相关关系如何？影响中国制成品产业内贸易的主要因素有哪些？今后中国工业制成品产业内贸易发展的方向在哪里？

本书研究的理论意义在于，梳理国外相关产业内贸易理论，选择适合中国产业内贸易发展，尤其是适合中国工业制成品产业内贸易发展的理论；本书研究的理论意义还在于，依据西方学者的产业内贸易理论，结合中国制成品产业内贸易发展的现实，丰富国内关于工业制成品产业内贸易类型的研究，完善关于中国制成品产业内贸易研究的经验。

1. 通过梳理产业内贸易理论选择适合中国制成品贸易发展的理论

产业内贸易产生于第二次世界大战后经济发展水平较高的国家

之间，"是产业间贸易发展到一定阶段出现的，与经济发展水平密切相关的一种贸易模式"。1960 年，Verdoorn 发现荷兰、比利时、卢森堡经济联盟内部存在着"产业内贸易"现象后，Michaely 和 Balassa 等学者对产业内贸易做了经验性研究。20 世纪 70 年代中期以后，Grubel 和 Lloyd、Dixit、Stiglitz、Krugman、Helpman、Lancaster、Falvey、Brander 等众多的经济学家对产业内贸易进行了大量的理论性研究，但是这些研究是以工业化国家为研究主体的。作为发展中国家，中国的要素禀赋与发达国家存在着巨大差异。虽然经过改革开放三十余年的发展，中国成为贸易大国，却绝非贸易强国。与出口额位居世界前 10 名的其他国家相比，中国的出口依然是以低技术、低附加值、低资本密集度为特征。更不容忽视的是，中国目前是在世界经济发展失衡、全球贸易保护主义抬头、贸易竞争加剧、贸易争端频发等复杂多变的国际环境发展，这与发达国家在第二次世界大战后面临的贸易自由化、经济一体化等相对宽松的国际环境截然不同。为此，对于国外学者关于产业内贸易的经验与理论研究，可以采取"拿来主义"，但是"拿来"后要进行客观科学的分析，去粗取精，弃伪存真，在充分考虑到中国的国情与国际经济政治环境的前提下，选择适合中国工业制成品产业内贸易发展的理论并用于指导中国工业制成品产业内贸易发展的实践。

2. 完善国内关于工业制成品产业内贸易类型的研究，丰富产业内贸易研究的经验

中国的产业内贸易研究始于 20 世纪 90 年代，目前处在起步阶段，专家与学者们的研究成果主要集中在对国外产业内贸易理论的评价、中国产业内贸易水平的测度，影响因素与国别研究等。由于数据的局限，研究年限、国别、行业跨度一般不大。本书选取1992 ~ 2012 年的数据，拟利用 GHM 法与 Giuseppe Celi 细分法对SITC5 ~ SITC8 三位数 77 个产业的贸易类型进行研究判断，充分研究工业制成品内部各产业在贸易类型上的差异，发现中国工业制成品产业内贸易发展的特征与规律，以完善国内关于工业制成品产业

内贸易类型的研究，丰富国内关于产业内贸易研究的经验。

（二）现实意义

产业内贸易是国际经济与国际分工发展到一定阶段的产物。它首先出现在经济发展水平较高的国家，是不同国家间相同产业内部的专业化分工协作。目前，世界上约有 1/4 以上的工业制成品贸易是以产业内贸易的形式出现。对于发达国家而言，产业内贸易已经占其对外贸易额的 60% 以上，成为其贸易利益的主要来源。从产业间贸易向产业内贸易过渡是各国贸易发展的趋势。与产业间贸易不同的是，由于产业内贸易是相同类型产品之间的交换，不会直接引起贸易国间生产要素比例的改变，很少受到贸易保护主义的抵制，是避免贸易争端的有效途径，同时产业内贸易能够降低一国经济结构的调整成本，减少失业，实现规模经济效益。作为发展中国家，中国既要通过发展产业间贸易获得比较利益，又要顺应全球贸易的发展方向，按照新的国际贸易理论尤其是产业内贸易理论参与国际分工，大力发展产业内贸易尤其是工业制成品的产业内贸易，以化解全球贸易竞争加剧、贸易保护主义抬头等对中国对外贸易发展的冲击，转变贸易发展模式，获得竞争利益，提升产业竞争力。

本书研究的现实意义在于，依据产业内贸易的相关理论，结合中国制成品产业内贸易发展的现实，为政府的贸易政策、产业政策尤其是促进工业制成品产业内贸易发展政策的制定提供建议。

第二节　研究的文献综述

产业内贸易理论从形成至今，大约经历了三个阶段。第一阶段：从 20 世纪 60 年代到 70 年代中期，是产业内贸易的发现与经验研究阶段，国外的专家学者 Verdoorn、Michaely、Balassa 和 Koji-ma 等对产业内贸易进行了经验研究。第二阶段：20 世纪 70 年代中期至 80 年代末是产业内贸易理论的形成阶段，1975 年，Grubel

和 Lloyd 出版了《产业内贸易：异质产品国际贸易的理论与度量》一书，对产业内贸易进行了初步的探索，是产业内贸易由经验研究转向理论研究的标志。进入 80 年代以后，Krugman、Helpman、Brander 以及 Greenaway 等为代表的西方学者，运用规模经济和不完全竞争等思想，结合现代产业组织理论和市场结构理论，围绕产业内贸易的成因及其影响，进行了大量的理论研究与实证检验，把产业内贸易的研究推向了新的高度。第三阶段：20 世纪 90 年代以后，随着人们对贸易成本、经济地理学、企业生产国际化研究的深入以及数学分析工具的运用，各国学者对产业内贸易的分析日益贴近国际贸易的现实。

中国关于产业内贸易研究始于 20 世纪 80 年代，研究重点集中在两个方面，一是对国外产业内贸易理论的介绍和评价；二是对中国产业内贸易的实证研究，主要包括对中国产业内贸易整体水平的测度、对中国与贸易伙伴国（地区）产业内贸易状况的研究、对中国某一特定产业产业内贸易状况的研究，对中国产业内贸易影响因素的检验分析，对中国产业内贸易与经济增长的效用分析，等等。

产业内贸易理论与传统的国际贸易理论共同揭示了世界贸易发展的规律。由于产业内贸易的研究仅有四十多年的历史，目前尚未形成系统的理论体系。

一、国外文献述评

国外专家与学者关于产业内贸易的研究，包括实证检验与理论研究，主要是围绕三个方面展开的，即产业内贸易水平的测度、产业内贸易的类型与成因（即产业内贸易理论模型）和产业内贸易影响因素。本书以下围绕这三个方面的研究分别进行阐述。

（一）关于产业内贸易测度的研究

产业内贸易的研究始于对产业内贸易的测度。关于产业内贸易水平的测度，Balassa、Grubel 和 Lloyd、Aquino、Brülhart 等分别提出了 Balassa 指数、G-L 指数、Aquino 指数、MIIT 指数等。其中，以 G-L 指数的应用最为广泛。

Balassa（1966）在研究欧共体成员国之间的分工与贸易时发现欧共体成员国制造业产品的贸易增长大部分发生在国际贸易商品标准分类的商品组内，他首先提出了"产业内贸易"这一概念，并提出了具体的测度方法。即先以各产品群（或产业）的贸易差额除以贸易总额，然后再除以产业数，所得即是 Balassa 指数，它是某一特定产品的净贸易量与该产品的总贸易量（进口量与出口量之和）之比，其经济含义是出口在多大程度上被进口抵消。其计算方法为：

$$E = \frac{1}{n} \sum_{i=1}^{n} \frac{|X_i - M_i|}{X_i + M_i} \times 100\%$$

其中，X_i 和 M_i 分别表示 i 产业或产品组的出口额和进口额。该指数越小表示该产业或产品组的产业内贸易比重就越大；该指数趋于下降，则表明产业内贸易比重上升，反之亦然。

Grubel 和 Lloyd（1975）认为，Balassa 指数只是个简单的算术平均数，不能反映出每个产业的权重，同时该指数没有考虑到贸易不平衡因素对计算结果所产生的影响。在 Balassa 指数的基础上，Grubel 和 Lloyd 提出了产业内贸易指数，即 G-L 指数。G-L 指数最基本的计算公式为：

$$G-L_i = \frac{(X_i + M_i) - |X_i - M_i|}{X_i + M_i} \times 100\%$$

该指数的经济含义是指在特定的产业中，相对于该产业的贸易总量，出口在多大程度上被进口所抵消。G-L 指数取值在 0~1，如果大于 0.5，则说明该产业的贸易模式以产业内贸易为主，反之，如果小于 0.5，则说明该产业的贸易模式以产业间贸易为主。

G-L 指数提出后，成为对产业内贸易进行经验研究的重要工具。G－L指数是迄今为止最权威的产业内贸易的测度指标，是区分产业内贸易与产业间贸易的重要工具。但是随着时间的推移，G－L指数开始受到质疑。一是关于统计偏差问题，当人们用不同的范围划定产业或产品的种类时，计算的G－L指数各不相同。一个产业包括的产品范围越广，产品的差异性就越大，G－L指数可能越大，反之可能越小。所以统计过程中涉及到产品分类标准的确定问题。如果为了特定的目的将不同质的产品不恰当的归为一类，就会出现统计数据加总上的偏差；二是G－L指数虽然减少了一国贸易顺差（或是逆差）对测度的影响，但是没有考虑到某个具体产业的贸易顺差（或是逆差）对测度的影响，因此仍然没有完全消除贸易不平衡的影响。

Aquino（1978）认为，一个国家整体产业内贸易是由各个具体产业的产业内贸易加权得来，总体贸易失衡实际发生在各个具体的产业中，消除贸易不平衡的影响应调整每一个产业的产业内贸易指数，然后再计算一国的整体产业内贸易水平。为此，他提出了Aquino指数，又称AQ指数。其计算公式为：

$$IITQ = \frac{\sum_{i=1}^{n}(X_{ij}+M_{ij}) - \sum_{i=1}^{n}|X_{ij}^{e}-M_{ij}^{e}|}{\sum_{i=1}^{n}(X_{ij}+M_{ij})} \times 100\%$$

其中：

$$X_{ij}^{e} = X_{ij}\frac{\frac{1}{2}\sum_{i=1}^{n}(X_{ij}+M_{ij})}{\sum_{i=1}^{n}X_{ij}}$$

$$M_{ij}^{e} = M_{ij}\frac{\frac{1}{2}\sum_{i=1}^{n}(X_{ij}+M_{ij})}{\sum_{i=1}^{n}M_{ij}}$$

Aquino 指数可在一定程度上消除了 G - L 指数因贸易不平衡造成的计量偏误。但是，该指数在修正贸易失衡时，公式中隐含假定所有贸易不平衡在各产业中按等比例分布，这显然背离了贸易实际。同时该指数没有考虑到经济周期等因素对一国贸易收支状况的影响，为此，受到了学术界的批评，未得到广泛的应用。

G - L 指数可以衡量一国在某一特定时期的产业内贸易水平，但是该指数反映的只是一国在特定时点的产业内贸易水平，属于静态的指标，无法反映其变化的动态特征。Hamilton 和 Kniest（1991）提出了应该用动态的指标衡量产业内贸易水平，即用特定时期增加的贸易量中产业内贸易所占的份额来反映产业内贸易的变化，这是对产业内贸易水平的动态衡量方法，即边际产业内贸易（Marginal Intra-industry Trade，MIIT）的分析方法。

Brülhart（1994）对 Hamilton 和 Kniest（1991）的边际产业内贸易分析方法进行了改进，提出了 MIIT 指数，又称 A 指数，该指数的测算方法沿用了 G - L 指数的形式，但是它衡量的是进口与出口结构的变化。Brülhart 的 MIIT 指数计算公式本书将在第三章给出。

（二）关于产业内贸易类型与成因的研究

自 Verdoorn（1960）发现产业内贸易的现象后，专家与学者们围绕产业内贸易的类型与成因进行了深入的探讨与研究，形成了一系列的理论模型。

最早开始产业内贸易的类型与成因研究的是 Grubel 和 Lloyd（1975）。他们在《产业内贸易：异质产品国际贸易的理论与度量》一书中，阐述了贸易分类、测度和贸易产生原因。关于贸易分类，Grubel 和 Lloyd 认为，国际贸易按产品的内容可以分两种基本类型：一种是不同产业间产品的相互贸易，即产业间贸易，如发展中国家与发达国家间初级产品与工业制成品的贸易，可以用传统的生产要素禀赋理论予以解释；另一种是同一产业之间产品的相互贸易，即产业内贸易，无论是相似性产品还是有差异的产品，都可能有产业内贸易存在。对于产业内贸易，Grubel 和 Lloyd 把其划分为同质产品的产业内贸易与异质产品的产业内贸易。他们认为，运输成本、转口贸易、季节性贸易等均可导致同质产品的产业内贸易的发生。由于同质产品的产业内贸易虽然存在，但一般是特殊产品或由于运输成本、转口贸易、季节性贸易等特殊的原因而引起的，与异质产品的产业内贸易相比在产业内贸易所占比例很小。因此，学者们关于同质产品的产业内贸易研究得不多，产业内贸易的研究基本都是关于异质产品产业内贸易的研究。

关于异质产品的产业内贸易，Grubel 和 Lloyd 又进一步将其分为三种类型：一是要素投入不同，但具有较强相似性和使用替代性的产品的贸易；二是要素投入相同，但最终使用替代性不同的产品的贸易；三是要素投入相同，使用替代性也相似，但是在款式和（或）质量方面有差异的产品的贸易。尽管他们未能对异质产品产业内贸易的原因做出解释，但是他们关于产业内贸易类型的研究却为后来的研究者确定了方向。后来的研究者将异质产品分为水平型产品与垂直型产品，并将异质产品的产业内贸易归纳为水平型产业内贸易与垂直型产业内贸易两种类型，并以此为基础建立了一系列的理论模型，以解释产业内贸易的成因。Greenaway、Robert 和 Milner（1994，1995）对英国的产业内贸易类型进行实证研究时，提出了垂直型产业内贸易与水平型产业内贸易的划分方法，即 GHM 法，这是目前使用最为广泛的判断产业内贸易类型的方法。

水平型产品是指产品质量相同或相似，但基本属性（款式、大小、颜色等）不同的产品。水平型产业内贸易一般发生在经济发展水平、技术水平相似的国家之间，例如，日本向美国出口丰田、本田汽车，又从美国进口福特、劳斯莱斯汽车；又如，欧盟从美国进口波音飞机，又向美国出口空客飞机，等等。垂直型产品是指产品质量不同价格不同的相似性的产品。垂直型产业内贸易一般发生在要素禀赋存在差异的发展中国家与发达国家之间。例如，中国从意大利进口高档皮鞋，同时又向其出口中低档次的皮鞋；又如，日本，向中国输入高档次的办公设备，同时又从中国进口中低档次的办公设备，等等。

解释水平型产业内贸易的成因，比较具有代表性的学者是 Krugman（1979）与 Lancaster（1980）。Dixit 和 Stiglitz（1977）等人将 Chamberlin 的垄断竞争理论运用到产业内贸易分析中，建立了新 Chamberlin 模型。Krugman（1979）在 Dixit 和 Stiglitz（1977）研究成果基础上，将新 Chamberlin 模型由封闭条件扩展到开放条件，创立了第一个水平差异产品的产业内贸易理论模型。该模型分析和证明了当产品存在水平差异时，生产中的规模经济导致两个在禀赋与技术方面都相似国家间发生产业内贸易，而且这种贸易会增进两国的福利。Lancaster（1980）在 Krugman 垄断竞争条件下产业内贸易模型的基础上，利用产品的特征进行分析，假定消费者对同一产品的不同品种具有不同的偏好，同样印证了在垄断竞争市场结构下，产品差异与规模经济是产业内贸易发生的原因。

解释垂直型产业内贸易的成因，最著名的是 Falvey（1981）和 Kierzkowski（1987）的 F–K 模型。他们的研究保留了传统贸易理论关于市场是完全竞争的假设，将产品的特性与劳动、资本等要素联系起来，认为资本要素丰裕的国家会生产并出口质量高的产品而从劳动力要素丰富的国家进口中低档次质量的产品，劳动力要素丰富的国家生产并出口中低档次质量的产品而进口质量高的产品以满足本国不同的消费需要。F–K 模型证明，即使不存在不完全竞争和规模经济，产业内贸易也会存在，即产生垂直型产业内贸易。由于他们的模型是以 Zli Heckscher 和 Bertil Ohlin 的生产要素禀赋理论为基础，因此，人们又称他们的模型为新 Heckscher-Ohlin 模型或新要素比例学说。

西方学者关于水平型产业内贸易成因的研究是建立在垄断竞争市场假设上，而关于垂直型产业内贸易的成因是建立在完全竞争市场假设上的。此外，专家与学者们还研究了寡头垄断竞争市场下产

业内贸易的成因，其中最为典型的是 Brander J. 和 Krugman
(1983) 的"相互倾销"模型。该模型证明，在寡头垄断竞争市场
下，即使不存在成本差异与规模经济，由寡头之间竞争性政策选择
所导致的"相互倾销"也将形成产业内贸易。

关于产业内贸易的成因的解释，除了生产的视角外，还有学者
还从需求等角度进行分析。瑞典经济学家 Linder (1961) 在他的著
作《论贸易与转变》中提出了"需求偏好相似理论"，被学者们用
来解释产业内贸易的成因。学者们的解释是：两国的人均国民收入
越接近，需求结构就越接近，两国发生贸易的可能就越大，从需求
角度解释了产业内贸易的成因。因此，包括 Grubel 和 Lloyd 在内的
许多学者认为，规模经济、产品差异性和需求偏好相似是产业内贸
易的三个主要原因，且产品差异性是产业内贸易产生的基础，需求
偏好是产业内贸易发生的动因，规模经济是产业内贸易的利益来
源。因此，规模经济、产品差异性和需求偏好相似被称为产业内贸
易理论的"三大支柱"。

（三）关于产业内贸易影响因素的研究

20 世纪 80 年代初产业内贸易理论体系形成以来，专家与学者
们围绕产业内贸易的影响因素进行了大量的检验研究。这些检验研
究大多以产业内贸易指数以及产业内贸易的相关影响因素作为解释
变量，以判断它们之间的正负相关性及影响因素的显著性。大多数
经验结果都研究的是变量的相关性，而不是对产业内贸易发生的决
定性。影响产业内贸易的因素很多，但专家与学者在产业内贸易的
影响因素分析中，一般把影响因素分为两大类，即国家层面因素与
产业层面的因素。国家层面因素一般包括国家规模和发展程度、国
民收入、人均收入水平、要素禀赋、运输距离等；产业层面的因素
一般包括产品差异性、规模经济、市场结构、外国直接投资等。由
于产业内贸易理论研究的出发点不同，无法提供一个明确、综合的
分析框架，经验分析中采用了折中的方法，专家与学者们把不同的

影响因素置入在同一个回归模型中进行检验分析。后来专家与学者们又在此基础上分别对水平型产业内贸易、垂直型产业内贸易的影响因素进行检验分析。

在这些检验分析中，基于国家层面影响因素的检验，主要有 Havrylyshyn 和 Civan（1983）对 62 个发达国家与发展中国家产业内贸易的影响因素的检验，Helpman（1987）对 14 个工业化国家产业内贸易决定因素的检验，Bergstrand（1983）对 14 个工业化国家进行的分析检验等。基于产业层面影响因素的检验，比较有代表性的包括 Caves R. E.（1981）对 13 个工业化国家 94 个产业的产业内贸易决定因素的检验；Greenaway D.、Robert H. 和 Milner C.（1984）对英国 68 个行业和 37 个子行业产业内贸易的决定因素的检验，Hughes（1993）对于主要经合组织国家 68 个行业的面板数据的检验等。综合国家与产业两个层面影响因素的检验，最有代表性的包括 Locrstscher R. 与 Wolter F.（1980）对经济合作与发展组织中 13 个产业内贸易的贸易决定因素的检验，Balassa 和 Bauwens（1988）对 38 个发达国家和发展中国家的产业内贸易的研究检验，等等。

关于国家层面影响因素的检验，Havrylyshyn O. 和 Civan E.（1983）用回归模型分析，发现规模经济（用总人口和 GNP 两个指标表示）与产业内贸易的相关性极低；Helpman（1987）用最小二乘法对 1970～1981 年 14 个工业化国家产业内贸易影响因素进行了检验，发现人均 GDP 差距的绝对值与产业内贸易负相关，但显著性因年份不同而有差异；而市场规模差异、GDP 总额和经济发展水平差异都与产业内贸易呈正相关关系，但经济发展水平的影响逐渐减弱。Bergstrand（1983）用 1976 年的数据对 14 个工业化国家进行分析，在分析中加入了资本密集度变量（资本/劳动的平均值与资本/劳动不平等指数）和关税变量（平均关税水平与关税不平等指数），结果发现资本/劳动的平均值、关税变量都为显著负相关，说明两国间要素禀赋差异和保护水平与产业内贸易水平变动方向相反。

关于产业层面影响因素的检验，Caves（1981）使用 SITC 三位数数据，运用普通最小二乘法对 1970 年 13 个工业化国家 94 个产业的产业内贸易影响因素进行检验，发现产品差异呈正相关，而外商直接投资与产业内贸易水平显著负相关，规模经济呈负相关但不显著。Greenaway、Robert 和 Milner（1984）检验了英国 68 个行业和 37 个子行业产业内贸易的影响因素，发现产品差异化呈显著正相关，而产业集中度、规模经济呈显著负相关。Hughes（1993）对于主要经合组织国家 68 个行业的面板数据进行检验，得出了与 Greenaway 等一致的结论。但是，Toh（1982）利用 SITC 四位数对美国 1970～1971 年 112 个制造业产业内贸易影响因素进行检验时，却发现产品差异、规模经济等呈显著正相关。此外，Lundberg（1982）、Fontagné 和 Freudenberg（1997）等人的研究也得出了规模经济等呈显著正相关的结论。

专家与学者关于产业内贸易影响因素的检验大多综合国家与产业两个层面的因素进行检验。Loerstscher 与 Wolter（1980）用 SITC 三位数对经济合作与发展组织中 13 国产业内贸易进行了国家特征因素与产业特征因素的检验，分析结果表明，在国家层面，国家发展阶段、市场规模的差异以及规模经济与产业内贸易具有明显的负相关关系；而在产业层面，相似的人均收入、产品多样化与产业内贸易成正相关。Balassa 和 Bauwens（1988）在用 SITC 四位数对 38 个主要出口国（包括发达国家和发展中国家）152 个行业产业内贸易影响因素的检验中发现，国家层面中，GDP 差异、人均 GDP、贸易开放度、一体化等呈显著正相关，而不平等指数及距离呈显著负相关；产业层面中，Hufbauer 指数（表示产业差异）呈显著正相关，而规模经济、产业集中度、外商直接投资呈显著负相关。

专家与学者们基于国家层面影响因素的检验中得出的结果几乎是一致的，但是基于产业层面影响因素的检验中所得的结果却是不确定的，尤其是规模经济的影响，甚至得出了相反的结论，这与各国统计数据不完善有关。在实证检验中，选取的国家不同，选取的时点不同，产业内贸易的影响因素是有差别的，为了纠正偏颇，专家与学者们将产业内贸易分为水平型产业内贸易、垂直型产业内贸易，并分别对二者的影响因素进行检验分析。在此方面的检验研究中，最著名的是 Greenaway D. 等人的研究。Greenaway，Hine 和 Milner（1994，1995）利用 1988 年的数据对英国与 62 国的产业内贸易情况进行研究时，分析了国家与产业层面因素对垂直型产业内贸易和水平型产业内贸易的影响，发现规模经济、产品差异与水平型产业内贸易呈正相关，垂直产业内贸易与不同国家消费者相似的消费偏好相关，与资本和劳动力禀赋差异无明显相关性。Fontagne 和 Freudenberg（1997）利用 1980～1994 年的数据对欧共体内部水平型产业内贸易与垂直型产业内贸易的影响因素进行研究时，得出了与 Greenaway Hine 和 Milner（1994，1995）相似的结论，即国家禀赋差异降低了水平型产业内贸易，增加了垂直型产业内贸易，他们在研究中还发现，对外直接投资对水平型产业内贸易与垂直型产业内贸易的提高都有促进作用。

（四）对国外产业内贸易研究的述评

产业内贸易是一种客观存在的现实，而作为测度产业内贸易水平的方法，无论是 Balassa 指数与 G－L 指数，还是 Aquino 指数与 MIIT 指数，都只是一种统计工具，不可能穷尽贸易世界的现实。所以，这些指数存在一定程度的局限是客观的，在所难免的。具体而言，Balassa 指数比较简单，G－L 指数可以衡量一国在某一特定时期的产业内贸易水平，Aquino 指数、MIIT 指数则在一定程度上消除了贸易失衡的影响。尽管 G－L 指数无法反映一个国家产业内贸易的规模、在国际分工中的地位的变化等，就目前而言，它仍然是最优的计量方法。本书在研究过程中将采用 G－L 指数和 MIIT 指数对中国工业制成品产业内贸易水平进行测度。

西方专家与学者从供求与需求两个的视角，使用不同的方法对于垄断竞争市场、完全竞争市场与寡头垄断市场产业内贸易成因的研究及所建立的一系列理论模型，构成了第二次世界大战后产业内贸易理论的核心内容。较之传统的国际贸易理论，专家与学者关于产业内贸易成因的研究克服了传统贸易理论完全竞争市场的缺陷，而建立在市场不完全竞争与规模经济的假设上，这更接近贸易世界的现实，因而能更好地解释战后发达国家间贸易量大增的现象，同时也为发展中国家制定扩大发展工业制成品的出口，积极参与国际分工的政策提供了理论支持。另外，专家与学者在产业内贸易成因的研究中，引入了现代产业组织、产品生命周期、要素禀赋等理论，对传统贸易理论的进行了补充与发展。朱刚体和贾继锋（1985）认为，关于产业内贸易原因的分析都是静态分析，只注重对生产力——生产结构、贸易结构方面的分析，忽视对国际生产关系的分析，等等，但这仍不影响产业内贸易成因的研究及所建的理论模型在整个产业内贸易理论中的重要地位。

产业内贸易理论体系形成以来，专家与学者们围绕产业内贸易影响因素进行了大量的检验研究。多数的检验成果与预期理论是一致的，少数的检验成果表现出不确定性，甚至有悖理论。计量方法、工具的运用及各国统计数据的选取是上述现象的表层原因，更重要的原因在于理论本身，而且，理论与实践从来都不是重合的，理论只有经过检验才能进一步发展完善。本书同时认为，产业内贸易理论本身及对理论的检验，构成了更为完备的理论体系，能更好地解释战后国际贸易发展的变化，也为发达国家以及发展中国家结合自身的实际制定参与国际分工的政策提供了理论支持。从这一点说，对产业内贸易的检验研究是具有积极的意义的。

二、国内文献述评

国内关于产业内贸易的研究始于 20 世纪 80 年代，研究重点集中在两个方面：一是对国外产业内贸易理论的介绍、评价；二是对中国产业内贸易的实证研究，主要包括中国产业内贸易水平的测度、中国与某一特定贸易伙伴国（地区）产业内贸易的研究、中国某一特定产业产业内贸易的研究、中国产业内贸易影响因素的检验分析，以及中国产业内贸易与经济增长的效应分析，等等。

（一）关于对国外产业内贸易理论的评介

朱刚体和贾继锋（1985）是国内最早开展产业内贸易研究的学者之一。他们认为产业内贸易理论是对传统贸易理论的扬弃，对发达国家之间工业制成品贸易发展作了比较切合实际的分析，同时指出产业内贸易是一种不完善的理论，基本上是静态分析，着重于生产力—生产结构、贸易结构方面的分析，而忽视了国际生产关系的剖析，一些具体观点也是值得商榷的。刘志彪和鲁明泓（1992）将产业内贸易称为部门内贸易，认为 Gray（1980）、Havrylyshyn 和 Civan（1983）等人的部门内贸易起源于规模经济和产品差异化，以及经济发展水平和产品差异化是影响部门内贸易的最重要的因素的解释存在一定缺陷，并试图对部门内贸易的起因进行新的解释。苑涛（2003）介绍了 Grubel 和 Lloyd 关于产业内贸易的早期研究，以及水平型产业内贸易、垂直型产业内贸易理论模型，认为产业内贸易与一国贸易自由化时的经济调整成本有很大关系，产业内贸易既显示了一国产业在国际市场上的竞争优势，也与经济发展有显著的相关关系。崔娜（2010）阐述了 19 世纪末各种解释产业内贸易的理论模型及其拓展，认为比较优势理论对垂直产业内贸易依然具有令人信服的解释力，并与新贸易理论在解释产业内贸易事实方面存在不对称的互补关系，比较优势理论在这种不对称的互补关系中始终处于主体地位。

目前在国内全面、系统阐述产业内贸易理论的专著主要有四部，分别由强永昌（2002）、李俊（2002）、徐松和刘玉贵（2005）、喻志军（2009）完成。强永昌的《产业内贸易论——国际贸易最新理论》介绍了产业内贸易的基本定义、计量、影响因素等，论述了规模经济、产品特征与贸易政策，探讨了产业内贸易的分工格局和利益分配、不同类型国家的产业内贸易以及中国产业内贸易的格局、地位等；李俊的《产业内贸易理论、政策与实践》探讨了产业内贸易的历史演进，介绍评价了规模经济模型、H－O－R模型和双向倾销模型等西方产业内贸易的三大模型，探讨了产业内贸易的决定因素、产业内贸易的正负效应等。强永昌、李俊与喻志军的专著均是在其博士论文基础上改编、修订的。由于强永昌博士论文定稿时间最早，因此一般将强永昌的《产业内贸易论——国际贸易最新理论》称为中国产业内贸易研究的开山之作。与强永昌、李俊的专著不同，徐松和刘玉贵的《产业内贸易理论研究》除介绍了产业内贸易的基本理论外，还探讨了服务业、金融业的产业内贸易，对中国的产业内贸易的决定因素进行了检验并提出了推进中国产业内贸易发展的政策建议；喻志军的《产业内贸易研究兼论中国的贸易优势重构》除阐述了产业内贸易的理论外，对中国产业内贸易的发展进行了实证研究，论证了中国发展产业内贸易的可行性并对产业内贸易理论在中国的应用进行了拓展。

（二）关于中国产业内贸易的实证研究

关于中国产业内贸易的实证研究主要包括以下五个方面：

1. 关于产业内贸易水平的指标与测度

鲁明泓（1994）、李俊（2000）、郭爱美和张小蒂（2004）、王云飞和朱钟棣（2005）、黄卫平和韩燕（2006）等学者进行了研究。鲁明泓（1994）测算了中国产业内贸易的总体水平，并就中国产业内贸易水平与其他国家进行了比较。李俊（2000）认为，Grubel和Lloyd的G－L指标对产业内贸易的界定与理论上的界定不同，G－L指标用于研究某个具体产业的产业内贸易水平比用于研究产业内贸易的整体水平更合适。为此，他提出，在G－L指标中，应引入产业内贸易绝对量指标，同时要注意对产业内贸易商品结构的研究。郭爱美、张小蒂认为（2004），产业内贸易指标应尽量反映产业内贸易的内涵和特征，并依据该原则对现有的个别产业内贸易指标的改进进行了探讨，同时提出应将贸易条件指数引入产业内贸易体系。王云飞、朱钟棣（2005）通过对中国1992～2003年总产业内贸易、水平和垂直产业内贸易指数进行跨国家、跨行业的计算，发现中国垂直产业内贸易占总产业内贸易的80%以上，说明中国依然没有走出传统的比较优势模式，主要出口的是技术含量低、劳动密集、价格低的产品。黄卫平、韩燕（2006）在《产业内贸易指标述评》中，介绍了传统的产业内贸易指标及其缺陷与调整、产业内贸易的动态指标、分类指标以及扩展的产业内贸易指标后指出，尽管各类新指标的探讨出于不同的研究角度，但都是在 G－L 指标的基础上发展、完善和细化的。

2. 关于中国产业内贸易的影响因素

徐娅玮（2001）、马剑飞等（2002）、陈讯等（2002）、陈伟等（2004）、廖翼等（2009）、张彬等（2009）等学者进行了研究分析。徐娅玮（2001）考查了规模经济和需求两个变量对中国产业内贸易水平的影响，认为规模经济对中国产业内贸易影响不大，需求因素对产业内贸易的贡献率接近80%，表明中国的许多企业可能尚未达到规模经济收益递增阶段，处于规模太小或者是规模不经济状态。马剑飞、朱红磊和许罗丹（2002）运用1999年和2000年中国跨部门横切面数据进行加权回归分析，以检验产业内贸易理论在中国的使用情况，并考查了产品差异化、规模经济、外资进入以及集中度对产业内贸易的影响，分析结果表明，产品差异化与产业内贸易正相关，规模经济因素对中国产业内贸易没有显著影响，外商直接投资对于产业内贸易的发展具有一定的负效应。陈讯、李维和王珍（2004）对中国产业内贸易影响因素进行了实证检验，认为影响中国产业内贸易的主要因素有产品差异、规模经济、市场结构以及外国直接投资。其中产品差异、规模经济、市场结构显示了较好的正相关性，外资引入对产业内贸易的发展有明显的阻碍作用。廖长友（2004）以中国制造业为研究对象，通过建立计量模型，对影响中国制造业产业内贸易水平的各种因素进行了实证分析，得出的结论是人均国民收入水平、对外开放程度与中国产业内贸易水平呈显著正相关，规模经济水平、技术进步因素与产业内贸易之间没有显著的相关性。陈伟和杨柳（2006）认为：规模经济不是促进中国产业内贸易的重要因素，而劳动力的比较优势是促进中国产业内贸易发展的重要驱动力。廖翼和兰勇（2009）在中国制造业内贸易影响因素实证研究中，得出结论，人均收入水平与中国产业内贸易正相关，而规模经济、外国直接投资与中国产业内贸易负相关。张彬和孙孟（2009）利用 G－L 指数和 GHM 方法对中国制造业 24 个细分行业的产业内贸易进行了测度，运用面板数据对其影响因素进行了实证研究。结果发现，中国制造业总体产业内贸易和垂直型产业内贸易的影响因素相同，都与规模经济、市场结构、外资影响和要素禀赋呈显著正相关，水平型产业内贸易与要素禀赋差异呈显著负相关，与产品差异程度、规模经济、外资影响和研发费用呈显著正相关。

3. 关于中国产业内贸易的国别（地区）研究

岳昌君（2000）、张小蒂和郭爱美（2004）、汤海燕等（2003）、陈淑嫱等（2009）、赵放等（2010）、姚阳（2010）、刘钧霆（2008）等学者研究了中美、中国与东盟、中俄、中日、中欧、中国与东亚等国家（地区）的产业内贸易情况。岳昌君（2000）对中美两国产业内贸易进行对比后认为，美国以产业内贸易为主的贸易方式越来越强，中国产业内贸易仍以产业间贸易为主，中美两国的产业内贸易存在明显的差距和本质的不同，实证分析结论符合美国经济学家 Krugman 所概括的当代国际贸易的特点。张小蒂和郭爱美（2004）认为：中国产业内贸易的整体状况与结构都大大落后于美国，而且中国进行的多是劳动密集型、附加值较低垂直型产业内贸易，美国进行的多是高资本、技术密集型的水平型产业内贸易，即使贸易指数相同，内涵也是迥然不同的。汤海燕、史智余和周甫军（2003）运用 G－L 指数对中国与东盟的产业内贸易进行了实证研究，认为中国巨大的市场规模、与东盟的地缘优势、双方日益提高的 GDP 等是双方发展产业内贸易的有利因素，中国落后的产业结构和不合理的产业组织结构制约了中国进一步发展与东盟的产业内贸易。陈淑嫦和李豫新（2009）以及丁振辉、孟思佳和王振（2010）等人对中俄工业制成品的产业内贸易以及中俄两国产业内贸易状况进行分析后认为，在中俄工业制成品贸易中，以产业间贸易为主，产业内贸易处于发展的初始阶段，水平有待提升；中俄两国产业内贸易仍处于发展的初级阶段，双边贸易在产业间和产业内摇摆，产业内贸易的基础尚不牢固。赵放和李季（2010）利用 G－L 指数对 1988～2008 年中日贸易数据进行分析，认为中日产业内贸易比重的提升主要得益于垂直型产业内贸易的发展，中国在中日垂直型产业内贸易中整体居于劣势地位，中日人均 GDP 差异、市场规模以及日本对中国直接投资与中日产业内贸易正相关，中日市场规模差异与中日产业内贸易负相关。姚阳和齐绍洲（2010）以 G－L 指数为被解释变量，以中欧人均收入差距、平均市场规模、研发水平差距、欧盟对中国直接投资额和规模经济为解释变量进行了长期稳定性检验和回归分析，得出的结论是中欧人均收入差距、市场规模等因素促进了中欧制成品产业内贸易发展，其中欧人均收入差距等对中欧制成品产业内贸易的促进作用充分证明了中欧产业内贸易的垂直型特征，外国直接投资和规模经济对中欧产业内贸易有抑制作用，外国直接投资对产业内贸易的抑制作用表明欧盟对中国的投资主要是市场导向型的直接对外投资；规模经济的抑制作用则说明了中国制造业企业在产品多样化、差异化和品牌创造方面仍存在弱势。刘钧霆（2008）利用 1992～2003 年 SITC 四位数贸易数据分别对中国与东亚经济体制造业的总体产业内贸易、垂直型和水平型产业内贸易的影响因素进行了经验研究。研究结果表明：市场规模因素对中国与东亚经济体制造业产业内贸易水平起到了正面的影响。东亚各经济体地理位置、政治文化等因素对产业内贸易的影响存在明显的个体差异，贸易不平衡因素对产业内贸易水平测算中的低估作用不能忽视。

4. 关于中国产业内贸易与经济增长的效用分析

许统生（2006）、马征和李芬（2006）、宣烨和李思慧（2009）、杨婧，兰勇和周发明（2010）等学者进行了研究。许统生（2006）从产业内贸易总水平、垂直型产业内贸易、水平型产业内贸易等角度实证分析了其对中国经济增长的影响。研究中发现：垂直型产业内贸易在经济增长过程中起着促进作用，而水平型产业内贸易对经济增长起着阻碍作用。马征和李芬（2006）利用中国1992～2003年间的数据，对水平型产业内与垂直型产业内贸易进行了分别检验，得出的结论是中国以垂直型产业内贸易为主，水平型产业内贸易比重较低，垂直型产业内贸易与经济发展水平间存在显著的正相关关系，水平型产业内贸易与经济发展水平间的关联性不大。宣烨和李思慧（2009）运用 Engle – Granger 因果关系检验法，利用修正后的产业内贸易指数，对中国1985～2007年产业内贸易与经济增长之间的关系进行了实证研究，得出了两者存在长期稳定关系，产业内贸易与中国经济增长存在双向因果关系，并提出了相应的政策建议。杨婧、兰勇和周发明（2010）利用 G – L 指数和 GHM 方法分析了1992～2006年中国制造业产业内贸易的水平和结构，发现产业内贸易已成为中国制造业的主要贸易形式，而且制造业产业内贸易以垂直型为主，同时对制造业产业内贸易的经济效应进行了实证研究，认为中国的经济增长与制造业产业内贸易存在正相关关系。

5. 关于国内特定行业产业内贸易的研究

国内学者的研究主要涉及制造业、农业、服务贸易等领域，此外，还有学者对高新技术产业等的产业内贸易进行了研究。曾国平、胡新华和王晋（2005）对中国服务业产业内贸易状况进行了测算与分析，认为中国服务业是以产业内贸易为主要方式，尤其是整体服务业，其产业内贸易指数在样本年度最高达到0.96，最低也在0.70以上，同时发现，中国服务业的横向产业内贸易并不明显，也就是说中国的性质相似或同类但服务范围不同的服务业的进出口力度不够。宋玉华和刘春香（2004）对中国农业的产业内贸易状况进行了实证分析，结论是中国农业产业内贸易的总体水平较低，中国农业依旧是按照传统的比较优势理论参与国际分工的，农业产业内贸易以水平性产业内贸易为主，垂直型产业内贸易所占比重较小。王晶（2008）利用 HS 分类方法将农产品分为 24 大类，分别计算了 1996~2005 年每类农产品和总体农产品的 G-L 指数与 MIIT 指数等，发现中国农产品整体产业内贸易水平较低，MIIT 指数则表明中国农产品十年来贸易的增量主要来自于产业内贸易。周戈和任若恩（1999）比较测算了中国与美国、韩国、泰国和我国台湾地区的制造业产业内贸易水平，提出增加产品多样性是增强中国产品在国际市场竞争力的一条重要途径。陈虎（2008）对中国工业制成品的产业内贸易水平和国际竞争力水平进行了实证研究，认为中国现阶段工业制成品产业内贸易以资本或技术密集型产品的产业内贸易为主，具有比较优势的产品集中在劳动密集型产业。仇怡和吴建军（2008）利用中国相关统计数据，具体考查了中国 1980~2006 年初级产品与工业制成品的 G-L 指数，指出中国目前已呈明显的产业内贸易趋势，但初级产品的产业内贸易不发达。

（三）对中国产业内贸易研究的述评

中国关于产业内贸易的研究仅有二十余年的历程，专家与学者的研究散见于国内的一些期刊中，尚未形成完整的体系，鲜具有一定学术水平的成果，但是也有一些具有一定应用价值的成果，如关于产业内贸易水平指标的修正、产业内贸易与经济增长的效用分析，等等。在产业内贸易影响因素的实证研究上，尽管国外对于产业内贸易影响因素的实证研究相对成熟，但是由于中国学者所采用的模型各不相同，且数据的选择跨度各有差异，因此在产业内贸易影响因素的回归分析上，得出了不同的结论。

中国学者对于中国工业制成品产业内贸易进行了一定限度地研

究，但研究主要集中在产业内贸易水平的测度与影响因素的实证检验上，整体研究程度不深，在研究中选用年限跨度不大、行业数量不多，因而得出的结论可信度不高。如在工业制成品产业内水平的研究上仅利用 G – L 指数进行测度，很少有人使用 MIIT 指数以研究工业制成品产业内贸易发展变化的动态特征；在产业内贸易类型的研究中，选择的产业一般不超过 30 个，且很少利用 Giuseppe Celi 细分法对产业内贸易的类型进行深入的研究，在影响因素的实证检验中，一般仅进行回归分析，很少同时进行回归分析和因果分析，等等，这些都是本书力图在研究中解决的问题。

第三节 研究的内容与方法

一、研究的内容

本书依照从理论分析到实证检验的研究思路，将中国工业制成品的产业内贸易置入第二次世界大战后世界经济一体化以及中国改革开放以来对外贸易高速发展的背景中，借鉴已有的研究成果，运用产业内贸易的相关理论，首先，对中国工业制成品 G – L 指数、MIIT 指数、与主要贸易伙伴国制成品的 G – L 指数分别进行测度，从产业与国别两个角度分别考查中国工业制成产业内贸易的发展水平，同时结合贸易竞争力指数分析中国工业制成品贸易的发展状况；其次，利用 GHM 法与 Giuseppe Celi 细分法对工业制成品 77 个产业的产业内贸易类型进行研究判断；再次，建立回归模型，对中国工业制成品产业内贸易与经济增长的关系进行协整分析与因果检验；最后，选取人均 GDP 水平、工业模经济状况、外商直接投资规模、贸易不平衡程度四个变量，建立计量模型，进行回归分析与因果关系检验。力图通过本书的研究，全面客观地把握中国工业制成品产业内贸易发展的真实状况，发现中国工业制成品产业内贸易发展的特征与规律，提出中国发展工业制成品产业内贸易的建议。

本书的研究共分七个章节。

第一章为导论。主要阐述选题的背景、研究意义、国内外研究文献述评、研究内容与方法等。第二次世界大战后在发达国家间出现了一国同时出口和进口同类产品的贸易方式，传统的国际贸易理论无法对这种现象做出合理的解释。这引起了专家与学者们的关注，产业内贸易理论应运而生，并成为近四十年来国际贸易领域研究的热点问题之一，这是本书研究的理论背景；战后，经济一体化与科学技术的发展促进了世界范围产业内贸易的大发展，改革开放三十余年来中国对外贸易与制造业的高速发展，这是本书研究的现实背景。本书力图通过研究，选择适合中国工业制成品产业内贸易发展的理论并用于指导产业内贸易发展的实践，同时完善国内关于工业制成品产业内贸易类型的研究。

第二章主要阐述产业内贸易研究的相关理论。首先将产业内贸易定义为：一个国家同一产业部门内的某种同类产品同时发生输入与输出的活动，这里的同类产品是按照联合国《国际贸易标准分类》（SITC），前三位编码相同的产品；然后分别阐述了绝对优势论、比较优势论、生产要素禀赋论等传统国际贸易理论以及同质产品的产业内贸易模型、水平型产业内贸易理论模型、垂直型产业内贸易理论模型、产业内贸易理论的经济效应等西方产业内贸易的相关理论，从而理清产业内贸易理论与传统国际贸易理论的关系及其发展的脉络。

第三章主要对中国工业制成品产业内贸易发展水平进行研究。在分析中国工业制成品产业内贸易的规模与结构的基础上，利用1992~2012年的数据，对于中国工业制成品 G－L 指数、MIIT 指数、与主要贸易伙伴国制成品的 G－L 指数分别进行测度，从产业与国别两个角度分别考查中国工业制成产业内贸易的发展水平，同时结合贸易竞争力指数来分析中国工业制成品产业内贸易的状况，以期全面客观把握中国工业制成品产业内贸易发展的现状。

第四章主要对中国工业制成品产业内贸易基本类型进行研究。首先阐述关于产业内贸易基本类型的测度方法，在此基础上根据数

据的可获得性，使用 GHM 法和 Giuseppe Celi 细分法，对中国
SITC5 ~ SITC8 共 77 个产业的贸易类型进行全面测度，充分研究工
业制成品内部各产业在贸易类型上的差异，发现中国工业制成品产
业内贸易发展的特征与规律。

第五章主要对中国工业制成品产业内贸易与经济增长的关系进
行实证分析。在分析对外贸易与经济增长关系的基础上，利用
GDP 指数与产业内贸易指数，建立回归模型对中国工业制成品产
业内贸易与中国经济增长的关系进行协整分析，同时检验中国工业
制成品产业内贸易与经济增长的因果关系，以佐证中国发展工业制
成品产业内贸易的必要性。

第六章主要对中国工业制成品产业内贸易影响因素进行检验分
析。鉴于中国经济及对外贸易发展的实际，选取人均 GDP 水平、
工业规模经济状况、外商直接投资规模、贸易不平衡程度 4 个变
量，建立计量模型，检验 4 个变量对中国工业制成品 G - L 指数的
影响，同时对 SITC5 ~ SITC8 中 4 个产业的影响因素分别进行格兰
杰因果关系检验，并比较检验结果与国内外学者已有的成果的差
异，为中国制定工业制成品产业内贸易的发展政策奠定理论基础。

第七章在研究结论的基础上提出中国发展工业制成品产业内贸
易的对策建议。本章归纳全书研究成果形成结论，在把握中国工业
制成品产业内贸易发展特征与规律的基础上，结合中国发展工业制
成品产业内贸易所面临的国际国内经济环境，提出发展思路，并从
政府与产业两个层面分别提出中国发展工业制成品产业内贸易的对
策建议。

本书研究的技术路线如图 1 - 1 所示。

二、研究的方法

本书在研究过程中主要采用以下三种方法：

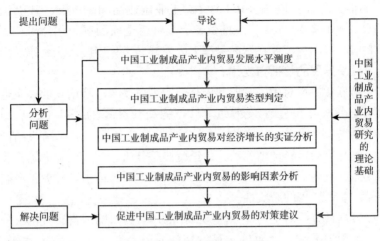

图1-1 本书研究的技术路线

（一）理论研究与经验研究相结合

理论研究是经验研究的起点，本书认真归纳总结国外关于产业内贸易研究的相关理论，尤其是关于产业内贸易成因、影响因素等方面的理论等；在理论研究的基础上开展经验研究，如对中国工业制成品产业内贸易水平、贸易类型的测度，构建模型，就中国工业制成品产业内贸易与经济增长的相关关系、产业内贸易的影响因素等进行检验分析，以考查中国工业制成品产业内贸易的水平与基本特征。力图在研究过程中实现理论研究和经验研究的有机结合，同时印证理论推演的正确性。

（二）静态分析与动态分析相结合

本书在研究过程中，将中国工业制成品的产业内贸易发展置入第二次世界大战后世界经济一体化以及中国改革开放三十多年来对外贸易高速发展的大背景中，在认真审视国际经济政治环境以及中国现实国情的前提下开展研究，如既对中国工业制成品 G－L 指数进行测度（属于静态分析），又对工业制成品 MIIT 指数进行测度（属于动态分析），力图全面客观地考查中国工业制成品产业内贸易发展的真实状况，实现静态分析与动态分析的有机结合。

（三）指标分析与计量分析相结合

本书在研究过程中，利用 G－L 指数和 MIIT 指数对中国工业制成品产业内贸易水平进行了测量，利用 GHM 法和 Giuseppe Celi 细分法对中国工业制成品产业内贸易的类型进行了研判，这些属于指标分析；而在中国工业制成品对经济增长的效应以及影响因素分析时，使用了计量分析的方法，提出假说、选取变量、建立模型，最后得出结论。在研究中实现了指标分析与计量分析相结合。

三、研究的创新

（一）研究内容上的创新

本书将选取 1992～2012 年的面板数据，利用 GHM 法与 Giuseppe Celi 细分法对中国工业制成品中 SITC5～SITC8 中的 77 个产业的产业内贸易类型进行研判，研究中年限跨度之大、行业数量之多，是国内同类研究中少有的。通过对中国工业制成品产业内贸易类型的测度与研判，丰富了国内关于工业制成品产业内贸易类型的研究，完善了关于中国制成品产业内贸易研究的经验。

（二）研究方法上的创新

研究过程中有效地利用了回归分析和因果检验等计量分析方法，例如，在中国工业制成品产业内贸易对经济增长的实证分析、中国工业制成品产业内贸易的影响因素的研究中，不但建立回归模型进行协整关系分析外，还利用格兰杰法进行因果关系检验，这些研究方法的运用确保了本书关于中国工业制成品研究结论的信度和效度。

第二章 研究的相关概念与理论

第一节 产业内贸易内涵的界定

研究产业内贸易，必须首先界定产业的概念，产业内贸易的内涵取决于对产业的划分。

一、产业与产业分类

产业是社会分工的产物，是 18 世纪后半期伴随着资本主义机器大工业的出现而产生的，并随着社会分工的发展而发展。产业在不同的历史时期具有不同含义。产业当初的含义特指工业，如产业革命、产业工人等。随着社会生产力的不断进步，产业的内涵不断丰富，外延不断扩展，泛指具有投入产出活动的某一经济领域或整个社会经济领域的总称，如文化产业、高新产业或产业结构、产业布局，等等。

在不同的研究领域，产业具有不同的含义。经济学认为，产业是一切生产物质产品和提供劳务活动的集合体，包括农业、工业、交通运输业、邮电通信业、商业饮食服务业、文教卫生业等部门。产业经济学认为，产业是与社会生产力发展水平相适应的社会分工形式的表现，是一个多层析的经济系统。Michael Porter 认为，产业是生产直接相互竞争产品或服务的企业的集合。

在国际贸易研究领域，产业有着其特定的内容。出于研究的需要，专家与学者们对于产业下了不同的定义。从生产供求关系的角度出发，Finger（1975）认为，产业是以相似生产要素（或原料）

比例生产出来的产品群；Falvey（1981）认为，产业是由特定资本设备生产出来的产品群。从消费需求关系的角度出发，Grubel 和 Lloyd 认为：产业是有区别的但是可以相互替代的商品的集合。在产业内贸易研究中，关于产业的定义，目前尚没有形成共识，但是无论从哪一角度考虑，专家与学者们都承认产业是一个集合的概念。归纳专家与学者们的研究，产业是一种同一属性的生产经营活动、同一属性的产品和服务、同一属性的企业的集合。

　　研究产业内贸易，必须界定产业的集合范围，这就涉及产业的分类。关于产业的分类，同样有不同的方法。如马克思的两大部类法，是马克思为了揭示资本主义生产的本质与剩余价值所采用的一种产业分类方法，将社会生产按产品的最终用途划分为生产资料的生产部门与消费资料的生产部门两大部类。

　　马克思认为，社会的总生产，分为两大部类：第一，生产资料：具有必须进入或至少能够进入生产消费的形式的商品，最终用于生产消费。第二，消费资料：具有进入资本家阶级和工人阶级的个人消费形式的商品，最终用于个人消费。在这两大部类中，每个部类拥有的所有不同生产部门，总合起来形成一个单一的大的生产部门，一个是生产资料的生产部门，另一个是消费资料的生产部门。

　　英国经济学家 Clark（1940）的三次产业分类法，在继承英国经济学家 Fisher 研究成果基础上，以人类的经济活动与自然界的关系为标准将产业分为第一、第二、第三产业，把直接从自然界获取产品的物质生产部门划分为第一产业，把对取至自然界的产品进行加工的物质生产部门划分为第二产业，把为生产和消费提供各种服务的部门划分为第三产业；生产要素分类法，按照生产要素在生产中的比重或生产对各生产要素的依赖程度将产业分为资源密集型产业、劳动密集型产业、资本密集型产业、技术密集型产业；国际标准分类法，联合国为了统一世界各国的产业分类于 1971 年颁布了《国际标准产业分类索引》（ISIC），后经三次修订。ISIC（Rev. 3. 1）按照经济活动的同质性将全部经济活动划分为 A ~ Q 共 17 个大类，A 类为农业、林业和狩猎，B 类为渔业，C 类为采矿和采石业，D 类为制造业，I 类为运输、储存与通讯业，M 类为教育，等等。

产业内贸易的内涵取决于对产业的划分。研究产业内贸易，必须科学合理地界定产业的集合范围。如果把产业的范围确定地过窄或者把属于不同产业的产品确定为一个产业，产业内贸易的水平可能被缩小或放大。虽然学者们在理论上未能就产业的定义达成一致，但是在实践中，关于产业内贸易水平的度量都是依据国际贸易中常使用的两类统计标准计算的。

产业内贸易的研究中，尤其是实证分析中对于产业的分类一般不用上述提到的产业的分类方法，而是依据国际贸易中常使用的两类统计标准，即依据联合国的《国际贸易标准分类》或世界海关组织的《商品名称及编码协调制度》对产品的进行分类从而确定产业。

（一）《国际贸易标准分类》

《国际贸易标准分类》（Standard International Trade Classification，SITC）是联合国经济社会理事会于 1950 年 7 月 12 日正式通过的国际贸易标准分类，以用于国际贸易商品的统计和对比，该分类历经 1961 年、1975 年、1986 年和 2006 年 4 次修订，是目前世界各国所普遍采纳的商品贸易分类体系。SITC 的分类依据是商品的原料、加工处理程度、用途和功能。SITC 目录编号采用五位数，第一位数表示类（Division），第二位数表示章（Chapter），第三位数表示组（Group），第四位数表示分组（Subgroup），第五位数表示项（Item）。1986 年版的 SITC（Rev3.0）将商品分为 10 大类，67 章，261 组，1033 个分组和 3118 个项目，l0 大类商品分别是：食品和主要供食用的活动物（0 类）；饮料及烟类（1 类）；燃料以外的非食用原料（2 类）；矿物燃料、润滑油及有关原料（3 类）；动植物油、脂及蜡（4 类）；化学成品及有关产品（5 类）：按原料

分类的制成品（6 类）；机械及运输设备（7 类）；杂项制品（8
类）；没有分类的其他商品（9 类）。其中，0～4 类是未经加工或
很少加工的农林牧渔矿产品，一般称为初级产品；5～8 类是经过
加工的合格产品，即工业制成品。在国内外产业内贸易的研究中，
多数学者使用 1986 年的 SITC（Rev. 3.0）标准，并将 SITC 前三位
数相同的产品视为一个产业。

（二）《商品名称及编码协调制度》

1983 年 6 月，原海关合作理事会（现世界海关组织，简称
WCO）在《海关合作理事会税则商品分类》（CCCN）与国际贸易
标准分类（SITC）的基础上，主持编制了《商品名称及编码协调
制度》（HS）。HS 于 1988 年 1 月 1 日正式实施。除用于海关税则
和贸易统计外，HS 还被用于原产地规则、国际贸易谈判、贸易管
制、计算机数据传递、国际贸易单证简化等多个领域，成为一种用
途广泛的国际贸易商品分类体系，所以又被称为"国际贸易的语
言"。HS 每 4～6 年修订一次，到目前为止，历经 1992 年、1996
年、2002 年、2007 年 4 次修订。HS 分类的依据与 SITC 相同，但
它对商品的分类比 SITC 更为详尽。目录分 21 类、97 章（其中第
77 章是空章），共 5019 项商品组，每项以 6 位数编码的独立商品
组组成。基本上是按社会生产的分工（或称生产部类）分类，按
商品的属性或用途分章。1～83 章（64～66 章除外）按商品的自
然属性（如动物、植物、矿物）为序：64～66 章、84～86 章按货
物的用途或功能划分。章下再分为目和子目。商品编码的前两位数
代表"章"，前四位数代表"目"。五、六位数代表"子目"。随
着 HS 的推广，近年来以 HS 四位数分组为标准的产业内贸易计量
也逐渐盛行。

考虑到数据的统一性与连续性，本书在研究中将采用《国际
贸易标准分类》1986 年版本，即 SITC（Rev. 3.0）标准。

二、产业内贸易的内涵

最早发现产业内贸易现象的是 Verdoorn。1960 年他对荷兰、比利时、卢森堡经济联盟内部的贸易方式所发生的变化进行研究时，发现了经济联盟内部各国专业化生产的产品大多为同一贸易分类目录下的商品；最早提出产业内贸易这一说法的是美国经济学家 Balassa。1966 年，Balassa 对欧共体形成后各成员国贸易情况进行分析时发现这些成员国贸易增长的大部分发生在国际贸易商品标准分类的商品组内，而不是在商品组之间。他把这种同一产业的产品在国家间进行的贸易称为产业内贸易。

随着对产业内贸易问题的发现与研究，专家与学者们对于产业内贸易给出了不同的定义。关于产业内贸易的定义，国内外理论界目前尚未形成共识。Finger（1975）提出：产业内贸易是一国同一产品组的产品存在同时进出口的活动；加拿大经济学家 Brander（1981）将其定义为：相同产品的双向贸易；Greenawa 和 Milner（1987）认为：产业内贸易是指一定时期内某一给定产业内产品同时发生的输入和输出活动。其中，得到学术普遍认可的是 Grubel 和 Lloyd 的定义。他们在 1975 年出版的《产业内贸易：异质产品国际贸易的理论与度量》一书中指出，产业内贸易就是指贸易总额减去产业间贸易之后的余额或一国某一产业产品进口与出口的总和。

中国学者在产业内贸易的研究中对于产业内贸易也纷纷给出了不同的定义。王林生（2001）认为：产业内贸易就是一国同时既出口又进口某一同类产品，所谓同类产品则按联合国的国际贸易标准分类（SITC）的三位数来划分。强永昌（2002）把产业内贸易定义为相同产业内具有较为密切的生产替代或消费替代关系的产品进、出口活动。李俊（2002）认为：产业内贸易是与产业间贸易相对的一个概念，是指一个国家既进口又出口同一个产业内产品的交易行为。赵春明（2002）则将产业内贸易定义为同一产业内的产品，主要是制成品通过外部市场与内部市场在不同的国家或地区间的双向流动。徐松和刘玉贵（2005）认为：产业内贸易是指产业内（行业内）国际贸易的简称，是指一个国家或地区在一段时间内（通常指一年），同一产业部门既进口又出口的现象。喻志军（2009）认为：产业内贸易是指一个国家同一产业部门（即给定产业）内的某种同类产品同时发生输出和输入的活动。这里的同类产品可以是指按 SITC 至少前三位编码相同的产品、也可以是指按《商品名称及编码协调制度》（HS）至少前四位编码相同的产品、还可以是按照国际贸易标准分类（SITC）至少前四位编码相同的产品。

　　对于产业内贸易的定义众说纷纭，无法形成一致的意见，主要是由于在理论上对于产业内贸易的界定与测算中对产业内贸易的阐述不统一造成的。本书认为，给产业内贸易下定义首先要界定同类产品，产业内贸易就是一国在一定时期内既出口又进口这种同类产品的贸易活动。需要特别指出的是这种同类产品的界定是动态的，研究者出于不同的研究需要可以依照不同的标准进行取舍，可以按 SITC 来划分，也可以按照 HS 来划分。若按联合国的 SITC 划分，既可以使用三位数划分，也可以使用四位数来划分，等等。

　　在国内外产业内贸易的研究中，多数学者使用 SITC 标准。按照 SITC，同类产品是按 SITC 的三位数来划分的，产业是按照 SITC 前三位数相同的产品的集合。

　　在国内外产业内贸易的研究中，多数学者使用 SITC 标准，一般将 SITC 前三位数相同的产品的集合作为一个产业；本书在研究中按照 1986 年 SITC（REV. 3.0）分类（见附录中表 1），将其第 5~8 大类中前三位数相同的产品即同类、同章、同组的产品作为研究对象，即把第 5~8 大类中前三位数相同的产品的集合作为一个产业，工业制成品的产业内贸易即这些制成品的集合既出现在中国的出口活动中，又体现在中国的进口活动中。

第二节 传统的国际贸易理论

一、Adam Smith 的绝对优势理论

Adam Smith 是英国古典政治经济学的主要奠基人之一。他在 1776 年出版的《国民财富的性质和原因的研究》一书中批判了重商主义，创立了"自由放任"的自由经济思想，解释了国际贸易的成因，提出了绝对优势理论。

分工可以大大提高劳动生产率是绝对优势论的理论基础。Adam Smith 认为，分工可以提高劳动生产率。其原因有三：一是分工能使劳动者的熟练程度增进；二是分工使劳动者专门从事某项作业，可以节省与生产没有直接关系的时间；三是分工可以使专门从事某项作业的劳动者容易改良工具和发明机械。Adam Smith 通过对国家和家庭进行对比来描述国际分工的必要性。他认为，适用于一国内部的分工原则，同样适用于各国之间，国与国之间进行分工同样可以提高劳动生产率。每个国家或地区都有适宜生产某种特定产品的绝对有利的生产条件，如果每个国家都按照其绝对有利的生产条件进行专业化生产，然后彼此进行交换，则对交换双方都是有利的。据此，Adam Smith 认为，一个国家所需要的物品，不必依靠样样都生产的办法来满足，而是要充分发挥自己的优势，生产自己最擅长的，生产成本最低的物品去交换自己需要的别国生产的物品，即"以己所长，换己所需"，这样花费最少，最为有利。

Adam Smith 认为一个国家绝对有利的生产条件，一方面来自先天拥有的自然优势，另一方面是后天形成的获得性优势。由于各国在自然优势和获得性优势方面存在差异，因此生产同种产品就存在成本的绝对差异，成本的绝对差异是两国之间进行分工的基础，也是国际贸易产生的原因。

Adam Smith 还论证了自由贸易所带来的好处。概括起来有三个方面：一是互通有无，交换多余的使用价值。二是增加社会价

值，获取更大利益。由于各国的社会劳动生产率参差不齐，商品价值的货币表现自然不尽相同，这样，通过对外贸易得到的某些商品的数量会超过本国所可能生产的，从而节省了本国的劳动力或增加了使用价值。三是互惠互利，共同富裕。一国从对外贸易中得到的主要利益在于输出了本国消费不了的剩余货物，因此，即使两国贸易平衡，由于都为对方的剩余货物提供了市场，双方还是都有利益。所以对外贸易具有共同利益，而不是一方得益，另一方受损。

Adam Smith 关于国际分工和国际贸易利益的分析基本上是正确的。他对国际贸易的产生原因首先做了理论探讨，同样应予肯定。同时，他指出，国际贸易可以是一个"双赢"的局面而不是一个"零和游戏"。可以说，Adam Smith 把国际贸易理论纳入了市场经济的理论体系，开创了对国际贸易的经济分析。其用自由贸易思想取代了重商主义的管制贸易思想，反映了当时英国工业资产阶级通过扩大对外贸易进行经济扩张的要求，为英国发展资本主义扫清了障碍，也为商品经济走向世界奠定了理论基础。因此，这一理论被誉为西方传统国际贸易理论的先驱。

但是，绝对优势论也有其不可忽视的缺陷。绝对优势论的成立存在一个必要的假设，即一国要想参与国际分工和贸易，就必然要有至少一种以上产品在生产上与交易伙伴相比处于劳动生产率绝对高或生产所耗费的劳动处于绝对低的地位上，否则该国就不具备参与国际分工的条件，或者在国际贸易中就没有任何利益而只有伤害，这一点在理论上过于绝对，在实践中不符合实际情况。因此，绝对优势论只能解释现实贸易中的小部分贸易，很多情况是这一理论解释不了的，如发达国家和发展中国家之间的一些贸易。众所周知，在大多数产品的生产上，发展中国家的劳动生产率都低于发达国家，但它们之间仍在进行贸易。

二、David Ricardo 的比较优势理论及其扩展

（一）David Ricardo 的比较优势理论

David Ricardo 是英国古典政治经济学的杰出代表和集大成者，其 1817 年出版的《政治经济学及赋税原理》一书是英国古典政治经济学的杰作，反映了英国工业革命时期资产阶级的利益。

David Ricardo 继承和发展了 Adam Smith 的绝对优势论，提出了以自由贸易为前提的比较优势理论。他认为，国际分工和国际交换活动应该根据各国的自然优势和后天获得的优势来进行。所不同的是，这种优势不同于斯密的生产成本绝对低于别国的绝对优势，而是一种相对的优势。某种商品所具有的比较优势可以用以下三种方法来确定：一是用产品的相对劳动生产率来衡量。相对劳动生产率是不同产品劳动生产率的比率，或两种不同产品的人均产量之比。如果一个国家某种产品的相对劳动生产率高于其他国家同样产品的相对劳动生产率，该国在这一产品上就拥有比较优势。反之，则只有比较劣势。二是用相对成本来衡量。所谓"相对成本"，指的是一个产品的单位要素投入与另一产品单位要素投入的比率。如果一国生产某种产品的相对成本低于别国生产同样产品的相对成本，该国就具有生产该产品的比较优势。三是用生产该产品的机会成本来衡量。

为了说明比较优势理论，David Ricardo 建立了经济模型，合理地抽象和简化了复杂的经济情况。其理论的假设前提主要包括：只考虑两个国家，两种商品，即"2 + 2"模型；贸易是按物物交换方式进行的，而不是以货币为媒介；以单位劳动时间表示的劳动成本确定各国的比较成本，且假定劳动是同质的，没有熟练与非熟练的区分；生产是在成本不变的情况下进行的，即单位产品生产成本不因产量的增加而变化；不考虑交易费用和运输成本；包括劳动在内的生产要素是充分就业的，它们在国内可以完全流动，但在国际间是不流动的；国际经济是静态的，不存在技术进步和经济发展。

David Ricardo 认为，在上述假定条件下，一国即使不存在生产成本绝对低于别国的绝对优势，却存在着一种相对的优势，即比较优势，该国依然可以按照"两优取重，两劣择轻"的原则参与国际分工。而且按照比较优势论进行分工，可以提高劳动生产率，节约社会劳动，提高消费水平，实现资源的最优配置，使贸易参加国受益，但其前提必须是完全的自由贸易。

David Ricardo 的比较优势论分析和揭示了国际贸易具有互利性，适用于所有国家。这一科学论断为一国发展对外贸易提供了理论依据，即一个国家无论处于什么发展阶段，经济力量是强是弱，总能确定各自的比较优势，即便是处于劣势，也能找到劣势中的相对优势，参与国际分工。各国根据自己的相对优势配置资源，进行分工和贸易，会比闭关自守、自给自足获利更多。因此，这一理论从提出至今，一直受到西方经济学家的推崇，被誉为是西方国际贸易理论的一块基石。但是，由于理论存在严格的假定条件，因此，理论的局限性在所难免，与现实情况有相当的距离。现实中，一个国家能够通过技术革新、技术引进提高劳动生产率，从而改变比较成本的比率，使国际分工格局发生变化。同时，各国科学技术和劳动生产率不断发生变化，一个国家当前的相对优势，有可能变成以后的相对劣势；当前的相对劣势，也有可能变成将来的相对优势。因此，一国在参与国际分工时，不能只着眼于眼前的静态优势，还要着眼于长远的发展利益，注意培养动态优势。现代的西方国际贸易理论正试图突破上述假定，论证比较优势论的广泛适用性。

（二）David Ricardo 比较优势理论的扩展

针对国际贸易领域中所出现的有些国家并不完全出口具有比较优势的产品，进口具有比较劣势的产品，西方学者们在 David Ricardo 比较优势理论基础上，对国际分工的边界进行了研究。Dornbusch、Fishert 和 Samuelson（1977）认为除了比较优势以外，技术进步、关税、运输成本、需求转换、汇率、粘性工资、价格流动机制等，都会对国际分工和国际贸易产生重要影响，如果完全按照比较优势来划分国际分工范围的话，会出现很大的偏差。由于这些学者分析产业内水平分工的基础仍然是 David Ricardo 的比较优势理论，并在比较优势理论基础上将更多的变量纳入进来，所以被视为是一种扩大的 David Ricardo 比较优势理论。

三、Eli Heckscher 和 Bertil Ohlin 的生产要素禀赋理论

比较优势理论认为比较成本差异是两国之间发生分工与贸易的基础，没有进一步研究是什么原因造成两国之间比较成本的差异从而发生分工与贸易的。在比较优势理论创立一百年以后，瑞典学者 Eli Heckscher 和 Bertil Ohlin 以比较优势理论为基础，提出了生产要素禀赋理论（也称 H－O 模型），解释了比较成本差异而导致分工和贸易的原因。

生产要素禀赋理论的假设条件依然遵循 David Ricardo 比较优势论的大多数前提，生产要素禀赋理论的假设条件主要有：

（1）假设世界上只有两个国家，用两种生产要素生产两种商品。

（2）两国生产技术水平相同，即两种产品的生产函数相同。

（3）不存在规模经济利益，即单位生产成本不随着生产的增减而变化。

（4）生产要素在国内可以自由流动，在国际间则不能流动。

（5）商品和生产要素市场处于完全竞争的状态。

（6）消费者的需求偏好相同，即两国社会无差异曲线的位置和形状相同。

（7）没有运输费用和贸易障碍，这意味着生产专业化过程可持续到两国商品相对价格相等为止。

生产要素禀赋理论有狭义和广义之分。狭义的生产要素禀赋理论，也称生产要素供给比例理论，是指通过相互依存的价格体系的分析，用生产要素的丰裕与稀缺程度解释国际贸易产生的原因和国

际分工中进出口商品结构的特点；广义的生产要素禀赋理论除狭义的内容外，还包括生产要素均等化定理，该定理研究的是国际贸易的后果，即国际贸易开展对生产要素价格的影响。本书这里只阐述狭义的生产要素禀赋理论。

Eli Hecscher 和 Bertil Ohlin 的生产要素供给比例理论是从商品的价格差异入手，然后层层深入，最终得出生产要素禀赋即生产要素供给的差异是国际贸易产生的基础。

生产要素供给比例理论认为，商品价格差异是产生国际贸易的直接原因，而商品价格的差异是由于商品的生产成本不同，生产成本比例的不同是产生国际贸易的必要条件；商品生产成本比例不同，是因为各种生产要素的价格比例不同，而生产要素价格比例的不同，则是由于各国生产要素禀赋比例的不同。因此，生产要素禀赋比例的不同，是产生国际贸易的最重要的基础，也是决定国际分工中进出口商品结构的主要因素。为此，Eli Hecscher 和 Bertil Ohlin 提出了按生产要素丰缺程度形成的比较优势进行国际分工的原则。他认为每个国家或地区利用它的相对丰裕的生产要素从事商品生产，它就处于比较有利的地位，而利用它相对稀缺的生产要素从事商品生产，则会处于比较不利的地位。因此，每个国家在国际分工中，应该专业化生产并且出口本国相对丰裕的要素生产的产品，进口本国相对稀缺要素生产的产品。例如，资本相对丰裕的国家就应该生产并出口资本密集型产品，劳动力资源丰裕的国家就应该生产并出口劳动密集型产品。

生产要素禀赋理论与 David Ricardo 比较优势理论都是建立在比较优势基础之上的，要素流动假设也基本与比较优势理论相一致。生产要素禀赋理论是以两种生产要素的投入为分析前提的。因此其理论是建立在多种而不是一种生产要素投入的基础上的，这一点与现实更加接近；David Ricardo 的比较优势理论是建立在各国劳动生产率差异基础上的，生产要素禀赋理论假设各国生产同一产品的技术水平是相同的，各国间生产同一产品的成本差异是由各国不同的要素禀赋即生产成本的差别造成的。为此，生产要素禀赋理论发展了比较优势理论。不可否认的是，生产要素禀赋理论也有一些不完善的地方，如生产要素禀赋理论的分析只假定投入两种生产要素，生产要素禀赋理论比较强调静态结果，排除了技术进步的因素，生产要素禀赋理论对于需求因素并未予以充分的重视，这也影响了其对于现实问题的分析，等等，但这并不影响该理论在国际贸易理论发展过程中的里程碑作用。生产要素禀赋理论与 David Ricardo 的比较优势理论被誉为西方国际贸易理论的两块基石。

四、Lenontief 对生产要素禀赋理论的验证

生产要素禀赋理论自诞生以来一直被西方经济学者推崇为最正宗的、可以普遍接受的国际贸易理论。但是，在 20 世纪 50 年代初期，美国经济学家 Lenontief（1953）对此提出了质疑和挑战。

按照生产要素禀赋理论，各国家应出口那些密集使用本国丰富的生产要素生产的产品，进口那些密集使用本国稀少的生产要素生产的产品。美国是资本相对丰富而劳动力相对缺乏的国家，理应出口资本密集型产品，进口劳动密集型的产品。Lenontief 同其他经济学家一样，确信其理论的正确性。于是运用"投入产出"分析法于 1953 年（用 1947 年数据）和 1956 年（用 1951 年数据）两次对美国的进出口情况进行经验研究，目的在于对生产要素禀赋理论进行验证。验证结论是：美国进口的都是资本密集型商品，而出口的却是劳动密集型商品。这个验证结果出乎 Lenontief 的预料，也与生产要素禀赋理论的结论大相径庭，被称为 Lenontief 之谜。

Lenontief 之谜激发了其他经济学家对其他国家的贸易格局的类似研究，以检验生产要素禀赋理论。例如，日本经济学家建元正弘（M. Tatemoto）和市村真一（S. Ichimura）1959 年使用了与 Lenontief 相似的研究方法对日本的贸易结构进行分析，发现从整体上看，日本这个劳动力丰裕的国家，输出的主要是资本密集型产品，输入的则是劳动密集型产品，也与生产要素禀赋理论不符；加拿大

经济学家 D. F. Wahl（1961）分析了加拿大与美国的贸易发现，加拿大出口品为相对资本密集型，因为加拿大的大部分贸易是与美国进行，而美国是个相对于加拿大而言资本丰裕的国家，所得结论与Lenontief 一致。

　　诸如此类的验证很多，结论表明 Lenontief 之谜普遍存在，它不仅发生在美国，还发生于一般发展中国家。由于 Lenontief 之谜的出现，使生产要素禀赋理论处于一种尴尬的境地。一方面，它内在的严密逻辑很难找出破绽；另一方面，经验数据又确实与理论不符。问题究竟出在哪里？这吸引许多经济学家试图从各方面来解开这一令人困惑的现象，而这种探索 Lenontief 之谜产生原因的过程本身，又成为国际贸易理论在战后发展的契机和推动力。西方国际贸易理论界围绕着 Lenontief 之谜展开了广泛的讨论，使国际贸易理论有了一个新的转折和发展，从而引发了一系列相关的国际贸易理论的产生，产业内贸易理论便是在这样的背景下产生的。

第三节　产业内贸易理论

　　Verdoorn（1960）对荷兰、比利时、卢森堡经济联盟内部的贸易模式所发生的变化情况进行研究时，发现经济联盟内部各国专业化生产的产品大多为同一贸易分类目录下的商品。Balassa（1966）在研究欧共体成员国之间的分工于贸易时发现欧共体成员国制造业产品的贸易增长大部分发生在国际贸易商品标准分类的商品组内，他首先提出了"产业内贸易"这一概念。日本学者 K. Kojima 在研究发达国家间贸易格局时，也注意到高度发达的、类似的工业化国家之间横向制成品贸易的迅速增长，并认为产业内水平分工现象背后必然包含着一种新的原理。20 世纪 60 年代到 70 年代中期，国外的专家学者 Verdoorn、Michaely、Balassa 和 Kojima 等对产业内贸易进行了经验研究。1975 年，Grubel 和 Lloyd 出版了《产业内贸易：差异化产品的国际贸易的理论与度量》一书，对产业内贸易进行了初步的探索，标志着产业内贸易由经验研究转向理论研究。进入 20 世纪 80 年代以后，Krugman、Lancaster、Brander、Falvey 等运用规模经济和不完全竞争等思想，围绕产业内贸易的成因及其影响，提出了一系列理论模型，包括 Grubel 和 Lloyd 在内的许多专家认为，规模经济、产品差异性和需求偏好多样性是产业内贸易理论的三大支柱。

一、产业内贸易的理论模型

本书在第一章关于国外产业内贸易国内外研究现状中已经提到，Grubel 和 Lloyd 把产业内贸易划分为同质产品的产业内贸易与异质产品的产业内贸易，学者们在此基础上又将异质产品的产业内贸易划分为水平型产业内贸易（HIIT）与垂直型产业内贸易（VI-IT）。产业内贸易的类型不同，引发的原因也各不相同。Grubel 和 Lloyd 利用修正的 H－O 模型，解释了同质产品的产业内贸易的成因，而学者们对于水平型产业内贸易与垂直型产业内贸易成因的研究，则形成了水平型产业内贸易理论模型与垂直型产业内贸易理论模型。20 世纪 90 年代后，对于水平型产业内贸易与垂直型产业内贸易的研究逐渐成为产业内贸易理论研究和经验分析的主要领域和前沿问题之一。

（一）同质产品的产业内贸易模型

Grubel 认为，同质产品，是指可以完全代替、商品需求交叉弹性极高、消费者对其消费偏好也完全一样的产品。同质产品，符合以下 3 个条件：产品可以相互替代；生产区位不同；制造时间不同。Grubel 和 Lloyd 认为，基于具有一系列前提条件的 H－O 模型不能解释产业内贸易现象，在保持 H－O 模型基本框架的前提下，对 H－O 模型的假设前提进行修正，就可以解释部分产业内贸易产生的原因。

1. 运输费用

在 H－O 模型中引入运输费用，就可以解释边境贸易的产业内贸易起因。在国际贸易中，有些产品如砂石、水泥等的运输成本占整个产品成本的比重很大，从而使这些产品的贸易半径比较小。而自然资源的可获得性决定了这些产品的生产区位，当这类产品区域之间运输费用大于从邻国进口的费用时，这类产品的消费者会选择从最近的原料生产地购买，即出现了同质产品的产业内贸易。

2. 储存费用

修正 H－O 模型无储存费用的假定，可以说明季节性产品或周期性贸易的产业内贸易起因。某些产品由于生产季节和消费时间不同，就会产生储存成本。假设两个国家对某种产品的消费时间不同，而生产时间不一致，那么只要运输成本低于储存成本，两国就会发生在收获旺季对外输出，而在淡季从国外输入同质产品的产业内贸易。

3. 销售费用

修正 H－O 模型无销售费用的假定，能够说明转口贸易和再出口贸易的产业内贸易成因。在转口贸易中，产品进口后需经过储存、分级、混合、包装、运输等环节，这是商品的特性、用途等基本形式没有发生变化，但通过上述加工活动实现了商品的增值，因而会出现进出口同质产品的情形，成为同质产业内贸易的一种形式。

4. 国家政策

修正 H－O 模型完全竞争市场的假定，可以解释同质产品的产业内贸易起因。产业内贸易还可以是政府的某些法律政策或法律约束的结果，一个国家如运用补贴促进某些产品的生产，有可能使这个国家成为此产品的出口国，当从前对这些商品的进口仍然存在的时候，产业内贸易就产生了；此外，还可能会由于政府干预造成国内价格扭曲，而作为以实现利润最大化为目标的企业就会同时从事进口和出口的活动；再有就是由于某项国际协定，一国从其他国家进口本身具有优势的产品，也会造成产业内贸易。

此外，还有其他因素，如修正 H－O 模型无劳务费用和信息成本的假定。在国际贸易中，这部分费用通常表现为保险、金融和运输业务发生的费用，由贸易双方委托专门机构服务，也表现为产业内贸易。

同质产品的产业内贸易模型保持了 H－O 模型基本框架的前提，对 H－O 模型的假设前提进行修正，同质产品的产业内贸易模型源于 H－O 模型。

（二）水平型产业内贸易理论模型

水平型产业内贸易理论模型建立在市场不完全竞争与规模经济的假设上，认为在垄断竞争市场结构下，规模经济与产品差异是产业内贸易发生的原因。水平产业内贸易的理论主要包括 Krugman（1979）基于规模经济和产品差异化的垄断竞争的市场模型以及 Brander 和 Krugman（1983）基于相互倾销的寡头垄断的市场模型。

1. 垄断竞争的市场模型

Krugman（1979）在 Dixit 和 Stiglitz（1977）的新 Chamberlin 模型基础上，提出了水平型产业内贸易的第一个模型，被称为 Krugman 模型。该模型强调规模经济在国际贸易中的作用，认为规模经济与产品水平差异的相互作用是产业内贸易发生的原因。在这个模型中规模经济被定义为是企业内生的。

从需求方面来看，Krugman 模型假定所有的居民拥有相同的效用函数，所有的产品都是对称的，产品的需求弹性随着消费量而增长。效用函数形式为：

$$U = \sum_{i=1}^{n} v(c_i), v' > 0, v'' < 0$$

其中，c_i 是第 i 个产品的消费量，$\varepsilon_i = -\dfrac{v'}{v'' c_i}$，$\partial \varepsilon / \partial c_i' < 0$。

从供给方面来看，Krugman 模型假定一国只有一种生产要素——劳动。该国能够生产任何数量的产品，所有产品都以相同的成本函数进行生产，成本函数采用线性的形式，即每种产品生产中所使用的劳动数量是产量的线性函数，该函数由固定成本加可变成本构成，即：

$$l_i = \alpha + \beta x_i, \alpha, \beta > 0$$

其中，l_i 表示 i 产品生产中所使用的劳动力的数量，x_i 产品 i 的产量，a 为固定成本，β 为边际成本。

Krugman 模型同时假定产量与消费量相等，如果能确定工人的数量，那么产量等于劳动力在某个时间的消费量，即：$x_i = Lc_i$

由于假定整个经济是充分就业的，所以劳动力的需求等于劳动力的供给，即：

$$L = \sum_{i=1}^{n} L_i = \sum_{i=1}^{n} [\alpha + \beta x_i]$$

消费者在有限的收入情况下实现效用最大化，可以得到一阶条件，其公式为：

$$v'(c_i) = \lambda p_i$$

将上式进行转换可以得到价格和产量的关系。由于 $c_i = \dfrac{x_i}{L}$，将其带入上式可以得到：

$$p_i = \lambda^{-1} v'\left(\frac{x_i}{L}\right)$$

厂商追求利润最大化，即：

$$\pi_i = p_i x_i - (\alpha + \beta x_i) w$$

利润最大化后可以确定 $p_i = \dfrac{\varepsilon}{\varepsilon - 1} \beta w$，即：

$$\frac{p_i}{w} = \frac{\varepsilon}{\varepsilon - 1} \beta$$

如果行业内厂商存在利润，必然有新的厂商进入，因此从长期来看处于均衡的状态下厂商的利润为零，即有：$p_i x_i - (\alpha + \beta x_i) = 0$，可以确定：

$$\frac{p_i}{w} = \beta + \frac{\alpha}{Lc}$$

根据充分就业的条件，能够确定产品的数量：

$$p_i = \frac{\varepsilon}{\varepsilon - 1} \beta w$$

两国进行贸易，消费者由于可以进行消费的产品的品种增加而使效用增加，贸易量是固定的，但是贸易的地理方向是不确定的。但每个消费者的效用函数要求最大化，用公式表示为：

$$U = \sum_{i=1}^{n} v(c_i) + \sum_{i=n+1}^{n+n^*} v(c_i)$$

其中，1，…，n 个产品在本国生产，n＋1，…，n＋n* 个产品在外国生产。每个国家生产产品的数量与劳动力呈现一定的比例，用公式表示为：

$$n = \frac{L}{\alpha + \beta x_i}$$

$$n^* = \frac{L^*}{\alpha + \beta x_i}$$

Krugman 通过上述模型得出结论，即使国与国之间不存在偏好、技术或要素禀赋方面的差别时，规模经济将导致贸易利益的产生。Krugman 模型揭示了在存在规模经济与产品差异的条件下，即使在两个生产完全相同的国家间也能开展产业内贸易，即产业内贸易，并且这种贸易会提高两个贸易参加国总体的福利水平。

1980 年和 1981 年，Krugman 又先后提出两个模型。Krugman (1980) 模型与其在 1979 年提出的模型非常接近，只是这个模型

效用函数定义的更加具体。Krugman（1981）模型研究表明贸易和
收入的比率（要素比例相似指数）没有关系。这表明要素禀赋相
同和相似的国家都可以进行贸易，这打破了传统贸易理论贸易只有
在比较优势不同或者要素禀赋不同的国家之间产生的重要结论。同
时 Krugman 的研究还发现在要素禀赋相似的国家之间进行的贸易
中，产业内贸易所占的比重要比产业间贸易要大得多，这也就解释
了为什么发达国家之间的贸易主要以产业内贸易为主。同时 Krug-
man 根据克鲁格曼研究的假定条件产业内贸易指数与要素比例指数
是相等的。因此两个国家越相似，产业内贸易越大，并且每个人从
贸易中受益的可能性也越大。

　　Lancaster（1980）在 Krugman 模型研究的基础上，假定消费者
对同一产品的不同品种具有不同的偏好，即注重对需求差异的分
析，得出了 Krugman 相似的结论：在垄断竞争市场结构下，产品差
异与规模经济是产业内贸易发生的原因。

　　在"规模经济"和"垄断竞争"的条件下，任何国家都不可
能也不必要生产某个行业的全部产品，从而使国际分工与国际贸易
成为必然。某一国家集中生产什么样的产品，没有固定的模式。发
达国家之间工业产品"双向贸易"基础是规模经济，而不是技术
或要素禀赋差异等条件。规模经济理论认为，企业的长期平均成本
随着产量增加而下降，企业面对的是市场需求曲线，市场需求量会
随着价格的下跌而增加。如果企业所面向的只是国内的需求，由于
国内市场需求有限，企业生产规模有限，从而使生产成本和产品价
格保持在较高的水平上。如果企业参与国际分工，将面向国际、国
内两个市场，国内需求与国外需求的叠加，扩大了企业的生产规
模。由于生产具有收益递增的特征，尤其是现代化的工业，大规模
的生产反而使产品的平均成本降低，增加了产品在国际市场上竞争
能力。规模经济效应使技术、要素禀赋无差异的国家之间以产业内
贸易的方式发生国际贸易，并获得贸易利益。经济全球化和贸易自
由化使得规模经济能够得以实现，并在贸易方面表现为产业内贸易

的提高。由于消费结构与收入水平相关，产业内贸易多发生在收入水平相似的国家之间。

2. 寡头垄断的市场模型

在 Brander（1981）模型基础上，Brander 和 Krugman（1983）发表《国际贸易的相互倾销模型》一文，他们假设两个国家各有一个生产厂商，且生产的是同质产品。为实现企业利润最大化，寡头垄断厂商将增加的产品产量以低于本国市场价格的价格销往国外市场，从表面看寡头垄断厂商在国外市场上产品的销售价格降低了，但是如果这种销售不影响在本国销售的其他产品的价格，从销售全部产品所获利润最大化的角度看，厂商实际上获得的总利润水平是提高了。同时，其他国家的厂商也会采取同样的做法将增加的产品销往对方市场，这种基于相互倾销行为所产生的贸易，成因不是由于两个不同国家的厂商生产了差异产品，而是完全出于这两个厂商本身对利润最大化的追求。相互倾销贸易理论认为，国与国间贸易的产生不在于产品成本差别，也不在于要素禀赋的差异，垄断或寡头垄断企业的市场销售战略才是贸易形成的真正原因。

相互倾销贸易理论研究了不完全竞争市场基础上的产业内贸易的另一种情形，即使不存在产品差异与要素禀赋，两国之间同样可能发生贸易，原因在于两国不完全竞争企业的市场战略，即垄断或寡头垄断企业对于利润最大化的追求。

（三）垂直型产业内贸易理论模型

垂直型产业内贸易理论主要包括 Falvey（1981）和 Kierzkowski（1987）基于比较优势的完全竞争的市场模型（F－K 模型）、Fukao 模型及 S－S 模型等。其中，最有代表性的是 F－K 模型。该模型保留了传统贸易理论关于市场是完全竞争的假设，以生产要素禀赋理论为基础，强调比较优势的作用，因此又被称为新 H－O 模型或新要素比例学说。Fukao 模型则研究了国际直接投资对于产业内贸易的影响。

1. F－K 模型

Falvey（1981）和 Kierzkowski（1987）在研究中保留了传统贸易理论关于市场是完全竞争的假设，同时还假设产品质量上存在差别，即垂直差异。F－K 模型认为，就算不存在不完全竞争和收益递增，垂直型产业内贸易也会存在。他们将产品的特性与劳动和资本等要素联系起来，认为技术（劳动生产率）的差异使工资相对较高的国家在高质量产品生产上有比较优势，工资相对较低的国家在低质量产品生产上有比较优势。在一个国家内，由于收入水平的差异，会出现对同一产品中不同质量的需求。富国中同样会有"穷人"，发达国家在出口高质量产品的同时还需要进口低质量的产品以满足本国低收入群体的需要；穷国中同样存在"富人"，发展中国家在出口中低层次的产品同时也需进口高质量的产品以满足本国高收入群体的需求。一个国家既可能有高收入阶层，也可能有中低收入阶层，这样就形成了对于不同档次产品的一个档次的需求差异。为了满足不同层次的需求，就可能出现高收入国家进口中低档次产品和中低收入国家进口高档次产品的产业内贸易即所谓的垂直产业内贸易。

F－K 模型解决问题的关键是有关产品质量的定义，为此模型引入了一个变量 α。α 的值越大，产品质量越高，并且生产 1 个单位 α 质量的产品，需要 1 个单位的劳动投入和 α 单位的资本投入。该模型假设有甲、乙两个国家，甲国是资本相对充裕的国家，乙国则是劳动力相对充裕的国家。以 L 和 C 分别表示劳动力和资本的价格，即有 $L_1 > L_2$，$C_1 > C_2$。两国的价格函数分别为：

$$P_1 = L_1 + \alpha C_1$$
$$P_2 = L_2 + \alpha C_2$$

由图 2－1 可知，乙国在低质产品的生产上相对甲国有比较优势，而甲国在高质量产品的生产商有比较优势。在需求方面，每个国家对不同质量的产品都有需求。因此，在不考虑运输成本的自由贸易情况下，两国便开始贸易。甲国向乙国出口高质量的资本密集型产品，而乙国则向甲国出口低质量的劳动密集型产品。这种情形与生产要素禀赋理论基本相似，只是要素密集度不同的产品由产业间变为在同一产业内，所发生的贸易也变成了产业内贸易。

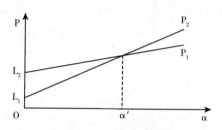

图 2 – 1　国家生产垂直差别产品的比较优势

F – K 模型是建立在比较优势基础上的，所以人们认为该理论符合传统的国际贸易理论，即符合生产要素禀赋理论，所以称其为新 H – O 模型。垂直产业内贸易理论为发达国家与发展中国家产业内贸易的产生与发展提供了理论依据，尤其是为发展中国家发展产业内贸易给予了有效的解释。

2. Fukao 模型

基于 F – K 模型，Fukao（2003）研究了跨国公司在海外的直接投资对垂直产业内贸易增加的贡献机制以及 FDI、贸易成本和参与国要素价格相对差异对垂直产业内贸易的影响。模型假定：两个国家，两种生产要素（资本和劳动），且两国要素禀赋不同；在某个行业下，产品及其质量呈现连续分布；垄断竞争的市场；企业必须支付一定的固定成本，才可以成为跨国企业。根据 FDI 和贸易成本不同的排列组合，作者分三种情况来讨论两国之间的贸易模式：较高 FDI 成本和较低贸易成本；较低 FDI 成本和贸易成本；较低FDI 成本和较高贸易成本。

Fukao 在研究中发现，垂直产业内贸易建立的受到 FDI 成本、贸易成本双重影响。如果 FDI 成本高，超过了跨国生产的收益，发达国家就不会进行垂直的直接投资，也就不会产生垂直产业内贸易；如果贸易成本很高，基于发展中国家市场的吸引，发达国家会直接到发展中国家进行水平的直接投资来替代两国间的贸易，从而也不会形成垂直产业内贸易。只有当 FDI 和贸易成本适度的时候，跨国公司才会进行投资建立海外公司，设在母国总部和海外工厂之间实行纵向分工，母国的总部和工厂从事产业链中关键的产业环节，一般是知识密集型产品的生产活动；海外公司则一般从事产业链中增值相对较低的劳动密集型和资本密集型的生产活动，从而引发母公司和海外公司之间的垂直型产业内贸易。另外，如果两国间要素的价格差异很大，发达国家的企业也有建立跨国生产体系的动力。处于某一生产阶段的子公司会从其母公司或其他子公司进口零部件或中间产品，加工后输往母公司或其他子公司，由此也会产生垂直型产业内贸易。在此情况下，跨国公司在海外的直接投资对垂直型产业内贸易增加的贡献机制按照如下路径实现：通过投资设立海外公司，并利用各国要素禀赋优势生产不同的零部件；通过贸易把零部件运往具有在劳动力价格上具有优势的装配国，利用装配国劳动力价格优势将零部件装配成为最终产品；通过贸易把最终产品销售到各个国家。也就是说，贸易成为实现投资行为最终目标的手段，通过贸易，投资的最终目的得以实现，贸易与投资共存且相互促进。

二、产业内贸易的经济效应

在产业内贸易研究中，西方学者的研究重点是产业内贸易的相关模型，对于产业内贸易的经济效应研究得很少。产业内贸易是与经济发展水平密切相关的一种贸易模式，产生于第二次世界大战后经济发展水平较高的国家之间。战后贸易自由化、经济一体化与科学技术的进步，使国际贸易获得了广阔的发展空间，产业内贸易迅速发展，不仅成为国际贸易的主导模式，而且对国际分工和产业发展产生了深刻的影响。20 世纪 70 年代以来，产业内贸易已经在世界贸易中占据了相当重要的地位，成为对推动新型国际分工形式、促进新兴产业和主导产业发展的重要因素。产业内贸易的经济效应同样可以分为静态效应与动态效应。

（一）产业内贸易的静态效应

产业内贸易的静态效应是指开展贸易后，贸易双方所获得的直接的经济利益。由于产品差异性和规模经济分别给生产者与消费者带来了剩余增加，产业内贸易的静态效应表现为对生产者的效应与对消费者的效应。

从生产者的角度看，市场扩大带来的规模经济效应，增加了生产者的利益。如果每个国家的生产者生产一个产业内的多种差异产品都会受到市场规模、固定成本和技术条件的制约。但是如果生产、消费结构相似的国家和市场相互开放，每个国家仅生产一个产业内有限几种差异产品，贸易国彼此交换同一产业差异产品，所有贸易参加国的生产都将面临扩大的市场，规模经济产生产业集聚，竞争加剧，提高了生产效率，生产成本降低。

从消费者角度看，产业内贸易带来的低价格、高质量、多样化的产品，增大了消费者的选择权，消费者的消费效用提高了。每个国家的生产者由于市场规模、固定成本和技术条件等的限制不可能生产一个产业内大量的差异产品，但是生产、消费结构相似的国家和市场相互开放，贸易国彼此之间进行产业内贸易，那么贸易参加国市场上可供选择的同一产业的差异产品将会大大增加，消费多样化和消费者个性得到充分尊重。同时由于规模经济以及所有差异产品的价格都会出现一定幅度下降，消费者的福利就会得到改善。

Greenway 的利益分析模型对于产业内贸易的静态效应所做的分析如图 2 - 2 所示。

图 2 - 2 中，表示贸易之前一国生产者与消费者的利益获得情况。X 轴的每一点都表示一种组合，V_1、V_2 都是一种组合，而消费者的偏好可能是横轴上的任何一种组合。假设每一种组合都有其

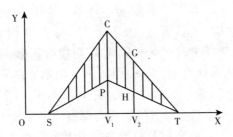

图 2 – 2　产业贸易前的静态利益

固定的生产成本，单位产品的成本将随着产量的增加而降低。因此，一个厂商不可能生产所有组合的产品，这就意味着些消费者可能买不到他们所偏好的商品。

图 2 – 2 中，表示这个国家只生产一种组合即 V_1，而消费者的偏好则是从 S ~ T 的各种组合，每个消费者所得的利益的大小就取决于他们的偏好与 V_1 的接近程度。图 2 – 2 中阴影部分 SCTP 是所有消费者剩余，CP 表示偏好为 V_1 的消费者的消费者剩余，GH 表示偏好为 V_2 的消费者的消费者剩余。偏好在 V_1 的消费者得到的消费者剩余最大，而偏好在 S 和 T 的消费者所得到的消费者剩余为零。

图 2 – 2 同样还表示了生产者的利益。图中 SPT 表示生产者剩余。偏好接近 S 和 T 的消费者，可能购买很少的 V_1 属性组合的产品以满足其生活所需，这一部分消费者带来的生产者剩余较小。而偏好接近为 V_1 的消费者对 V_1 的需求最大，愿意支付的价格就很高，所带来的生产者剩余就越大。图中三角形 SCT 能够表示出全部的生产者剩余，三角形 SCT 表示了生产 V_1 时这个国家所得的全部的静态利益。

当生产 V_1 时国家与另一国家进行了产业内贸易后，这种静态利益就发生了变化，如图 2 – 3 所示。假设 A 国与 B 国进行产业内贸易，其贸易商品是由 X 和 Y 两种主要属性组成的某种商品，两国对这种商品的需求偏好有一定差异。进行贸易前 A 国生产 V_1 种组合的产品，B 国生产 V_2 种组合的产品。两国进行贸易后，两国的消费者都能买到更接近其偏好的产品。具体来说，对于 A 国偏好在 VT 的消费者来说，由于 V_2 比 V_1 更接近其偏好，因此他们可以购买 B 国 V_2 种组合的商品；而对于 B 国偏好在 ZV 的消费者而言，由于 V_1 比 V_2 更接近其偏好，他们可以购买 A 国 V_1 种组合的商品。产业内贸易过后，双方的消费者都得的满足大于贸易发生前，由此带来的生产者剩余和消费者剩余也大于贸易之前。如图 2－3 所示，A 国偏好在 VT 的生产者剩余和消费者剩余从贸易前的 VfT 和 afT 增加到贸易后的 VfLT 和 afcL；B 国偏好在 ZV 的生产者剩余和消费者剩余从贸易前的 ZfV 和 Zaf 增加到贸易后的 ZKfL 和 Kbaf。因此，在产业内贸易之后，两国的生产者和消费者所得的净利益都比贸易前增加了，A 净增利益 Zba，B 国增利益 acT，其中既包括生产者剩余也包括消费者剩余。而且，如果两国的偏好重叠越大，通过产业内贸易获得的静态利益越大。

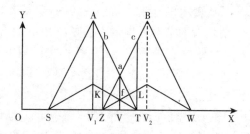

图 2－3　产业内贸易后的静态利益

（二）产业内贸易的动态效应

产业内贸易在给各国带来贸易利益的同时，还可以促进一国的技术进步和产业升级，提高一国的对外竞争力。产业内贸易所带来静态利益是直接的，看得见的，实际上，它所带来的间接利益即动态利益远远超过静态利益。产业内贸易的动态效应是指贸易开展后，对贸易双方的经济和社会发展所产生的间接的积极影响。

　　产业内贸易对产品的创新具有较大的推动作用。由于产业内贸易是建立在规模经济与产品的差异性基础上，对于生产厂商增加同一产业差异性产品和创造新的替代品既有较强的推动作用。生产厂商通过产业内贸易增加同一产业差异性产品具有双重动机，一是侵入动机，即生产出一些接近国外消费者偏好的新品种，以占领国外市场；二是防御动机，即生产出一些新品种以防止新的竞争者进入国内市场。同时，产业内贸易加速了生产厂商对于替代品的开发，为社会带来更多的利益。新的替代品的研制通常需要投入较多的研究与开发费用，因此开发者需要承担一定的风险，而产业内贸易可以降低这种风险，企业进行产品的更新换代是为了适应市场的需求，产业内贸易使生产者扩大了并加快了新产品的出售，并可能在尽短的时间内收回研究与开发费用，同时生产者还获得了规模经济。

　　产业内贸易对市场具有整合效应。产业内贸易对一个产业的国内外市场布局、竞争程度、资源利用效率等都会产生重要的影响。本书在研究产业内贸易的静态利益已经谈到，如果生产、消费结构相似的国家和市场相互开放，每个国家仅生产一个产业内有限几种差异产品，促进国际专业化分工的形成，贸易国家彼此交换同一产业差异产品，贸易国的生产都将面临扩大的市场，规模经济产生产业集聚，竞争的加剧使低效率、无规模的企业退出市场，提高提了资源的使用效率。

　　产业内贸易可以带来技术聚合效应。产业内贸易促进了技术在国际间的流动，这种流动既可能以异质产品作为载体完成，也可能以对外直接投资作为载体实现。以异质产品作为载体时，贸易参加国都会出口本国具有技术优势的产品而进口技术处于劣势的产品，实现了同一产业的产品所包含的技术优势在所有贸易参加国聚合，有利于贸易参加国的学习、改进与创新，这种技术流动实现的是最终消费品的技术聚合效应。而产业内贸易中，以对外直接投资作为载体实现技术的跨国流动的，通过进口资本品投入生产过程，产生技术的"溢出"效应,实现的是资本品的聚合效应,资本品进口国不仅掌握了先进的技术,更重要的是学到了先进的管理经验、理念甚至文化。这种资本品的聚合效应远远大于以异质产品作为载体时实现的效应。

基于比较优势而产生的产业间贸易主要发生在要素禀赋、人均收入水平、技术水平等存在差异上的国家之间,发达国家掌握了贸易的主动权,出口高附加值的工业制成品而进口低附加值的初级产品,在贸易的利益分配上处于有利地位,而发展中国家在贸易利益的分配上则处于劣势地位;基于规模经济与产品差异基础上的产业内贸易主要发生在要素禀赋、人均收入水平、技术水平等相似的国家之间,这种贸易有效避免了传统贸易中要素价格均等的现象,贸易的结果不仅使参加国的福利得到改善,而且还可以使所有的要素所有者都能从中获益,贸易参加国间的利益分配较为均衡。与产业间贸易相比,产业内贸易是国际分工的一种高级形态,产业内贸易取代产业间贸易成为国际贸易的主导模式是国际分工发展的必然。

发达国家与发展中国家进行产业内贸易,双方的获益却不相同。发达国家向发展中国家出口的多是技术相对密集、附加值高的最终消费品,这类产品需求的收入弹性高,市场潜力大,而发展中国家向发达国家出口的大多为劳动相对密集、附加值低的最终消费品,这类产品需求的收入弹性低,市场潜力小。从这个意义而言,发达国家与发展中国家的垂直型产业内贸易并不是一种平等的贸易。但是,这并不意味着发展中国家就不能与发达国家开展产业内贸易,而且,对于发展中国家来说,开展产业内贸易所带来的动态贸易利益要高于产业间贸易。为此,发展中国家要利用与发达国家开展贸易的机会,节约研发费用,引进先进的技术和管理经验,获取技术外溢效应,从而促进本国经济的增长。

第四节　产业内贸易理论与传统国际贸易理论的关系

　　传统国际贸易理论是建立在市场完全竞争、生产要素不能在国际间自由流动、单位生产成本不随着生产的增减而变化等一系列严格假设基础上的，用来解释的是产业间贸易现象；产业内贸易理论放松了传统国际贸易理论的假设条件，建立在市场不完全竞争、产品差别化、规模经济等假设上，解释了产业内贸易。

一、产业内贸易与产业间贸易的异同

　　产业间分工，是指产业与产业之间的国际分工，如农业与工业的分工，是资本主义早期国际分工的主要方式。基于产业间分工而产生的产业间贸易主要发生在要素禀赋、经济发展水平、技术发展水平、人均收入水平不同的国家之间，两国间上述条件差异越大，发生产业间贸易的可能性越大。第二次世界大战以前产业间贸易在国际分工领域一直占据着非常重要的位置。第二次世界大战后，随着生产力的不断发展，国际分工开始逐渐由产业间渗透到产业内，出现了产业内贸易。产业内贸易是生产力、国际分工深化与发展的产物，产业内贸易主要发生在要素禀赋、经济发展水平、技术发展水平、人均收入水平相似的国家之间，两国间上述条件越相似，发生产业内贸易的可能性就越大。

　　产业内贸易与产业间贸易的不同主要体现在以下方面：

　　（1）专业化分工与生产基础不同。产业内贸易以产业内专业化分工和生产为基础，贸易伙伴没有实现整个产业专业化，而是针对产业中某类产品进行更狭窄的专业化。与产业间专业化分工和生产不同的是，产业内专业化生产的产业内贸易不会导致一国某产业生产萎缩，只会影响贸易双方贸易品的范围。

　　（2）专业化分工的主体不同。产业内分工的参与方不仅有国与国、国家与地区、地区与地区之间，而且还有企业与企业之间，部门与部门之间，企业与部门之间。产业间分工的参与方是国家与国家、国家与地区、地区与地区之间。

（3）贸易内容不同。产业内贸易是产业内同类产品的相互交换，而产业间贸易是产业间非同类产品的交换。

（4）贸易流向不同。产业内贸易的产品流向具有双向性，即同一产业产品可以同时进行进出口贸易。如美国和一些西欧国家既是机动车辆的出口国，同时也是机动车辆的进口国。产业间贸易的产品流向一般来说是单向的。

（5）交易产品的特性不同。产业内贸易产品必须具有两个条件：一是在消费上能够相互替代；二是在生产中需要相似的生产要素投入。同时，产业内贸易产品还要具有多样化的特点，这些产品中既有劳动密集型产品，也有资本密集型产品；既有标准技术产品，也有高新技术产品。

二、产业内贸易理论与传统国际贸易理论的联系

以 Ricardo 为代表古典国际贸易理论认为，国际分工与国际贸易的产生是基于比较优势，即只要两国在生产成本或劳动生产率上存在相对差异，就可以通过"两优取重，两劣择轻"的比较优势原则进行商品交换；以 Eil Heckscher 和 Bertil Ohlin 为代表的新古典国际贸易理论在比较优势理论的基础上，提出了生产要素禀赋论，即国与国之间开展贸易的基础在于两国要素禀赋上的差异，因此在国际贸易中，一国应当出口较多使用本国丰裕要素生产出来的产品，而应进口较多使用本国稀缺要素生产出来的产品。传统的国际贸易理论，解释的是主要产业间贸易现象，强调市场的完全竞争，认为贸易各方的利益来源在于自身的要素禀赋优势，认为贸易自由能推动各国经济的增长。

传统国际贸易理论是建立在严格假设基础上的，如市场完全竞争，单位生产成本不随着生产的增减而变化、生产要素在一国内可

以自由流动,但不能在国际间自由流动、国际经济是静态的,不存在技术进步和经济发展、没有运输费用、关税或其他贸易壁垒,等等。第二次世界大战后,由于国际贸易的现实条件发生了很大的变化,而建立在过多假设基础上的传统国际贸易理论无法产业内贸易现象给予合理的解释。产业内贸易理论应运而生。

产业内贸易理论建立在市场不完全竞争、生产具有收益递增的特征等假设上,突破了传统国际贸易理论的局限性,更接近于贸易世界的现实,为此,该理论对于一国同时出口和进口同类产品这种贸易方式做出了合理的解释。产业内贸易理论与传统的国际贸易理论虽有差别,都二者并不相悖。产业内贸易理论与传统的国际贸易理论有着不可割裂的联系,是对传统国际贸易理论的补充和发展。如同质产品的产业内贸易理论,保持了 H – O 模型基本框架的前提,只不过是对 H – O 模型的假设前提进行修正;同样,F – K 模型以生产要素禀赋理论为基础,强调比较优势的作用,所以学者们认为该理论符合传统的国际贸易理论,所以称其为新 H – O 模型。

第三章 中国工业制成品产业内贸易发展水平测度

制造业是对原材料进行加工、对零部件进行装配的工业部门的总称。制造业的水平直接体现了一个国家的综合实力与国际竞争力。20世纪美国、欧洲和日本的经济飞速发展都是建立在本国制造业发展的基础之上。世界经济发展的趋势证明：制造业作为主导产业，是一个国家国民经济的基础，是国民经济高速增长的发动机。制造业兴则国家兴，反之，制造业衰退必然导致整个国家的经济走向衰退。本章将利用1992～2012年的面板数据，对中国工业制成品的产业内贸易指数、边际产业内贸易指数、中国与主要贸易伙伴国工业制成品产业内贸易指数、中国工业制成品的贸易竞争力指数进行测度，从产业与国别两个角度分别考查中国工业制成品产业内贸易的发展水平，同时结合贸易竞争力指数来分析中国工业制成品产业内贸易的发展状况，以期全面客观把握中国工业制成品产业内贸易的发展水平。

第一节 中国工业制成品贸易的发展概况

改革开放三十余年来，中国制造业发展取得了巨大的成就。1992年以来，中国工业制成品贸易规模保持了稳步的增长，贸易额始终保持对外贸易总额的80%以上。工业制成品出口一直保持了强势增长，加工贸易对此发挥了强有力的拉动作用，工业制成品进口增长稳定；中国传统的优势产品劳动密集型产业在贸易比重逐渐下降，而资本、技术密集型产业贸易获得迅速发展，中国制造业的比较优势由劳动密集型产品的加工、生产向资本或技术密集型产品的生产转变。

一、中国工业制成品贸易规模

利用联合国商品贸易统计数据库（UN Comtrade）的统计数据，本书经过计算整理得出了1992～2012年中国工业制成品进出口额及占总进出口比重，见表3-1和图3-1。

表3-1 　　　　1992～2012年中国工业制成品进出口额
及其占比
单位：亿美元

年份	出口			进口		
	制成品出口额	总出口额	占比	制成品进口额	总进口额	占比
1992	675. 4000	849. 4000	0. 795150	667. 4000	805. 9000	0. 828142
1993	747. 2000	917. 4000	0. 814476	890. 4000	1039. 600	0. 856483
1994	1009. 900	1210. 100	0. 834559	983. 9000	1156. 100	0. 851051
1995	1269. 600	1487. 800	0. 853341	1068. 200	1320. 800	0. 808752
1996	1289. 500	1510. 500	0. 853691	1126. 400	1388. 300	0. 811352
1997	1584. 900	1827. 900	0. 867061	1128. 200	1423. 700	0. 792442
1998	1632. 200	1838. 100	0. 887982	1165. 300	1402. 400	0. 830933
1999	1748. 200	1949. 300	0. 896835	1374. 800	1656. 900	0. 829742
2000	2232. 300	2492. 000	0. 895787	1766. 300	2250. 900	0. 784708
2001	2391. 800	2660. 900	0. 898869	1961. 300	2435. 500	0. 805297
2002	2964. 100	3255. 900	0. 910378	2443. 400	2951. 700	0. 827794
2003	4024. 600	4382. 300	0. 918376	3387. 200	4127. 600	0. 820622
2004	5516. 600	5933. 300	0. 929769	4424. 300	5612. 300	0. 788322
2005	7113. 100	7619. 500	0. 933539	5102. 300	6599. 500	0. 773134

年份	出口			进口		
	制成品 出口额	总出口额	占比	制成品 进口额	总进口额	占比
2006	9137. 100	9689. 400	0. 943000	6023. 100	7941. 500	0. 758434
2007	11554. 30	12200. 60	0. 947027	7102. 800	9561. 200	0. 742877
2008	13510. 00	14306. 90	0. 944300	7655. 700	11325. 60	0. 675964
2009	11369. 00	12016. 50	0. 946116	7128. 900	10055. 60	0. 708948
2010	14946. 00	15777. 60	0. 947292	9436. 200	13960. 20	0. 675936
2011	17955. 00	18983. 90	0. 945801	10891. 50	17434. 00	0. 624728
2012	19468. 00	20487. 80	0. 950224	11139. 40	18182. 00	0. 612661

资料来源：笔者根据 UN Comtrade 统计数据计算整理得出。

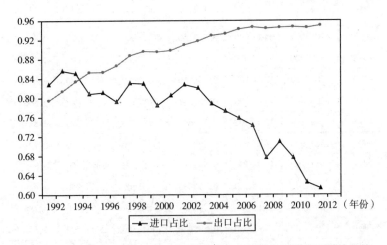

图 3 - 1　1992～2012 年中国工业制成品进出口额占总进出口额的比值

从表 3 - 1 的数据看，自 1992 年以来，中国工业制成品贸易规模不断扩大，工业制成品的贸易额始终保持对外贸易总额的 80% 以上。在出口贸易上，中国工业制成品保持逐年增长的态势，1992

年，中国工业制成品出口额为 675 亿美元，到 2008 年，工业制成品出口额达到 13510 亿美元，是 1992 年的 20 倍，尤其是 2002年以后，工业制成品出口额每年都保持了千亿美元以上的增长速度，到 2002 年，出口额在出口产品中所占的比例首次突破 90%；在进口贸易上，1992～2012 年，除个别年份后，中国工业制成品进口几乎每年都保持了百亿美元以上的增长速度，增幅可观。1992 年，工业制成品进口额为 667.4 亿美元，到 2008 年，进口总额达到 7655.7 亿美元，是 1992 年的近 10 倍，而进口额在进口总额中的比例整体上呈明显递减趋势，到 2012 年，这一比例降至 61.3%。2008～2009 年，受到全球金融危机的影响，欧美发达国家采取保护国内产业的贸易政策，中国工业制成品进出口均受到了一定程度的抑制，出现了负增长。从整体上看，中国工业制成品贸易规模保持了稳步的增长，尤其是工业制成品出口一直保持了强势增长，工业制成品进口额在总进口额中的比重呈递减趋势，表明中国产业结构在一定程度上得到了优化，工业化发展水平有所提升。

在分析了中国工业制成品的发展规模，得出 1992 年以来中国工业制成品贸易规模不断扩大，制成品出口保持强势增长的结论的同时，反过来分析其中的原因时，必须考虑到中国工业制成品的贸易方式问题。

贸易方式包括一般贸易、加工贸易以及其他贸易方式。一般贸易是指单边输入关境或单边输出关境的进出口贸易方式，其交易的货物是企业单边售定的正常贸易的进出口货物。由于一般贸易的生产和加工主要在国内完成，所以出口附加值较高，一般在 60% 以上；加工贸易是一国通过各种不同的方式，进口原料、材料或零件，利用本国的生产能力和技术，加工成成品后再出口，从而获得以外汇体现的附加价值。常见的加工贸易主要包括对外加工装配、中小型补偿贸易和进料加工贸易等方式，加工企业所在国主要通过增加就业、赚取加工费等方式获取利润，加工贸易中有限的生产加工工序在加工国内完成。

　　根据《中国统计年鉴》的数据，本书计算整理了 1992～2012 年不同出口贸易方式在中国出口贸易中所占的比重，见表 3-2。

表 3-2　　　　　　1992～2012 年中国出口贸易方式占比　　　　单位:%

年份	一般贸易	加工贸易	其他贸易方式
1992	46.7	43.0	13.0
1993	41.5	41.2	17.3
1994	41.0	44.2	14.8
1995	40.9	47.0	12.1
1996	35.3	50.6	14.1
1997	36.0	52.2	11.8
1998	36.4	53.4	10.2
1999	40.5	51.1	8.4
2000	43.3	48.5	8.2
2001	44.2	47.4	8.4
2002	42.7	48.7	8.6
2003	43.4	47.6	9.0
2004	42.6	47.6	9.8
2005	41.8	48.6	9.6
2006	42.6	47.3	10.0
2007	44.22	50.71	5.07
2008	46.31	47.19	6.50
2009	44.09	48.85	7.06
2010	45.67	46.92	7.41
2011	48.31	44.00	7.69
2012	48.22	42.11	9.67

　　资料来源:《中国统计年鉴》和《中国贸易外经济统计年鉴》。

分析表 3 – 2 可以看出，1992 年，在中国出口贸易中，一般贸易所占份额为 46.7%，加工贸易所占份额为 43%。除 2011 年、2012 年，加工贸易所占份额超过一般贸易，并从整体上一直保持稳步增长，在中国出口贸易中所占份额接近 50%，有些年份超过 50%，表明加工贸易在中国出口贸易中的重要地位。1992 年以来，中国工业制成品出口保持逐年大幅度增长，加工贸易发挥了强有力的拉动作用。

加工贸易中制造环节处在国际分工链条中的利润的最低端。20 世纪 90 年代台湾宏碁集团董事长施振荣在描述计算机制造业各环节的附加价值时，使用了一个开口向上的抛物线，即所谓的"微笑曲线"，见图 3 – 2。曲线中，抛物线左侧是价值链上游，表示研发投入促使产品附加值上升；抛物线右侧是价值链下游，表示品牌运作、营销管理也能获得大量附加增值；而抛物线底端是价值链的低端，是劳动密集型的中间制造、装配环节，技术含量低、利润空间小，是整个利润链中最不赚钱的环节。尽管"微笑曲线"描述的是计算机制造业各环节的附加值，但这种现象在其他产业，尤其是制造业同样存在。

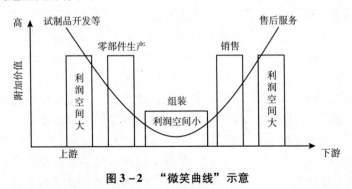

图 3 – 2　"微笑曲线"示意

加工贸易在利用外资、推动国内配套产业发展、促进产业结构调整中所起到的作用不可否认。但是不能回避的是，由于加工贸易的技术含量低，出口附加值较低，出口产品以劳动密集型产品为主，在国际市场上竞争力严重不足。而且随着产业结构的调整，劳动力的禀赋优势逐步削弱，中国制成品出口贸易发展潜力不大，发展工业制成品产业内贸易显得尤为重要。

二、中国工业制成品贸易结构

工业制成品贸易能够充分地反映一国经济发展水平与产业结构状况。在现行的国际贸易统计中，联合国的国际贸易标准分类体系（SITC）使用最广泛。按照 SITC 分类，0~4 类商品代表初级产品，5~8 类商品代表制成品。其中，5 类为化学制品及相关产品，6 类为轻纺产品、橡胶制品和矿冶产品等按原材料划分的制成品，7 类为机械及运输设备，8 类为卫生、家具、仪器及钟表等杂项制品。一般认为，5 类和 7 类产业多数是资本或技术密集型制成品，而 6 类和 8 类产业多属于劳动密集型制成品。

对外商品贸易结构是一国（地区）在一定时期内（一般为 1 年）某类或某种商品在贸易额中所占的比例。根据表 3－1，1992 年，工业制成品的出口占总出口的比例为 79.5%。到 2002 年，工业制成品出口占总出口的比例已超过 90%，而且仍然保持增长的态势。到 2012 年，工业制成品出口在出口产品所占的比例攀升到 95.0%，比 1992 年上升了 15.5 个百分点；工业制成品的进口同样占中国进口总额的 1/2 以上，1992 年，工业制成品的进口占进口总额的比例为 82.8%，2003 年以前，进口在进口总额中的比例一直在 80% 左右波动。2004 年以后工业制成品的进口占进口总额的比例呈明显递减态势，到 2012 年，这一比例降为 61.3%，与 1992 年相比下降了 21.5 个百分点。虽然工业制成品的进口在总进口的比重呈递减趋势，但在中国商品对外贸易结构中，工业制成品的贸易额始终保持对外贸易总额的 80% 以上，在中国对外贸易中的主体地位不可动摇。

利用 UN Comtrade 的统计数据，本书计算整理得出了 1992～

2012 年中国技术或资本密集型与劳动密集型产业在工业制成品总
出口额的比重，以分析工业制成品出口贸易结构情况，见表 3 - 3
与图 3 - 3。

表 3 - 3　　　1992～2012 年中国工业制成品 SITC5 + SITC7
与 SITC6 + SITC8 出口总额及其占比　　　单位：亿美元

年份	总出口额	SITC5 + SITC7		SITC6 + SITC8	
		金额	比重	金额	比重
1992	849.4	175.5234	0.206644	499.8558	0.588481
1993	917.4	198.8455	0.216749	548.3584	0.597731
1994	1210.1	281.3144	0.232472	728.6315	0.602125
1995	1487.8	405.0208	0.272228	864.6156	0.581137
1996	1510.5	441.8938	0.292548	847.5793	0.561125
1997	1827.9	539.3511	0.295066	1045.493	0.571964
1998	1838.1	605.3764	0.329349	1026.779	0.558609
1999	1949.3	692.0970	0.355049	1056.117	0.541793
2000	2492.0	946.9675	0.380003	1285.334	0.515784
2001	2660.9	1082.497	0.406816	1309.192	0.492011
2002	3255.9	1422.985	0.437048	1541.044	0.473308
2003	4382.3	2073.542	0.473163	1951.079	0.445218
2004	5933.3	2946.222	0.496557	2570.460	0.433226
2005	7619.5	3880.040	0.509225	3233.022	0.424309
2006	9689.4	5008.742	0.516930	4128.314	0.426065
2007	12200.6	6381.597	0.523056	5172.737	0.423974
2008	14306.9	7533.756	0.526582	5976.264	0.417719
2009	12016.5	6531.376	0.543534	4837.627	0.402582
2010	15777.6	8685.933	0.550523	6259.811	0.396753
2011	18983.9	10173.22	0.535887	7781.327	0.409891
2012	20487.8	10788.10	0.526562	8679.502	0.423642

资料来源：笔者根据 UN Comtrade 统计数据计算整理得出。

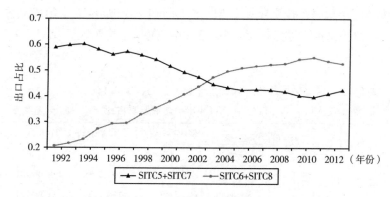

**图 3 – 3   1992 ~ 2012 年中国工业制成品 SITC5 + SITC7
与 SITC6 + SITC8 出口占比**

资料来源：笔者根据 UN Comtrade 统计数据计算整理得出。

　　根据表 3 – 3 与图 3 – 3，可以看出，1992 ~ 2012 年，随着中国制成品贸易额的不断刷新，资本或技术密集型产业 SITC5 和 SITC7 出口增长迅速。1992 年，资本或技术密集型产业出口额为 175. 5 亿美元，占总出口的比重为 20. 7%，到 2003 年，资本或技术密集型产业首次超过劳动密集型产业的出口，在总出口中所占的比例达到 47. 3%，超过劳动密集型产业 0. 28 个百分点。此后，资本或技术密集型产业的出口比例持续提高，到 2012 年，资本或技术密集型产业出口额达到 10788. 10 亿美元，是 1992 年的 61 倍，占总出口的比例为 52. 7%，比 1992 年提高了 32 个百分点，比同年劳动密集型产业占总出口的比例高了 10. 3 个百分点。劳动密集型产业 SITC6 和 SITC8 作为中国传统的优势产业，1992 ~ 2012 年出口保持稳步增长，但由于资本或技术型产业的强势增长，劳动密集型产业占对外贸易总额的比例呈下降趋势，在整个贸易中的优势地位逐渐降低。1992 年，劳动密集型产业出口额为 499. 9 亿美元，为资本或技术密集型产业出口额的 2. 5 倍以上，占总出口的比重为 58. 8%。到 2012 年，劳动密集型产业的出口达到 8679. 5 亿美元，为 1992 年的 17 倍，但是劳动密集型产业的出口占总出口的比例降 42.3%，比 1992 年下降了 17 个百分点。加入 WTO 以后，尤其是近十年来，随着产业结构的调整，中国传统的优势产品劳动密集型产业在出口贸易中比重逐渐下降，表明中国劳动力的优势正在逐渐丧失。资本或技术密集型产业出口贸易发展迅速，参与国际分工的程度不断加深，中国制造业的比较优势由劳动密集型产品的加工、生产向资本或技术密集型产品的生产转变，中国工业化水平在一定程度上得到了提高，对外贸易的商品结构也在逐步优化。

以下把中国工业制成品贸易置入全球工业制成品贸易的大环境中进行观察：1993 年中国制造业增加值占全世界的比重为 3.5%，1998 年提高到 5.1%，2003 年提高到 6.9%；而美国制造业占世界制造业的增加值在 1993 年为 21.2%，2003 年为 23.3%，明显看出中国与美国等发达国家的差距所在。再看中国制造业人均增加值，按 1995 年美元不变价折算，中国制造业人均增加值从 1995 年的 267 美元增加到 2003 年的 463 美元，增幅为 73%，而发达国家 2003 年人均增加值为 5710 美元，相差 5247 美元，仅为其平均水平的 8.1%，甚至低于拉丁美洲和加勒比海地区（人均 665 美元）以及西亚和欧洲的发展中地区（人均 615 美元）。中国制造业人均增加值远不及美国等制造业强国，与一些新兴工业化国家或地区相比仍有距离。

通过上述比较分析，可以得出：从纵向上看中国工业制成品贸易在二十余年获得了飞速的发展，对外贸易的商品结构得到一定程度的优化，中国工业化水平得到了一定程度的提高，但是从横向上看中国与欧美等发达国家以及一些新兴工业化国家的差距仍然不容忽视。从这个意义上说，中国工业化的进程任重而道远，产业结构的优化、产业的升级换代任务依然艰巨。

第二节 产业内贸易水平的测度
方法与数据说明

一、测度方法

对产业内贸易的经验分析早于理论研究，而对产业内贸易的经验分析始于对产业内贸易水平的测度。19 世纪 60 年代以后，Balassa、Grubel 和 Lloyd、Aquino、Brülhart 等分别提出了 Balassa 指数、G－L 指数、Aquino 指数、MIIT 指数等一系列测度产业内贸易水平的方法，对此本书已在第二章做过综述。在所有这些产业内贸易水平的测度方法中，Grubel 和 Lloyd（1975）的 G－L 指数是被广泛使用的产业内贸易度量指标，而 Brülhart 的 MIIT 指数能够衡量进口与出口结构的变化，是衡量产业内贸易水平的动态方法。

（一）Grubel 和 Lloyd 的度量方法

Grubel 和 Lloyd 指数，简称 G－L 指数，是目前使用最多的产业内贸易度量指标，与其他指标相比，它更多地被用来解释贸易模式与比较优势，其表达式具体如下：

某一特定产品组的产业内贸易指数的表达式为：

$$G - L_i = \frac{(X_i + M_i) - |X_i - M_i|}{X_i + M_i} \times 100\%$$

其中，分别用 X_i 和 M_i 表示 i 产业或产品组的出口额和进口额。一般认为，该指数越大，则该产品组的产业内贸易比重就越大；该指数趋于上升，则表明产业内贸易比重上升。

由于产品组或产业 S 又可以进一步细分为若干层次产品组或产业 j，因此为了对不同产业或产品组的产业内贸易水平进行比较，Grubel 和 Lloyd 又提出了以下指数：

$$G - L_s = \frac{\sum_{j=1}^{n}(X_{sj} + M_{sj}) - \left| \sum_{j=1}^{n} X_{sj} - \sum_{j=1}^{n} M_{sj} \right|}{\sum_{j=1}^{n}(X_{sj} + M_{sj})} \times 100\%$$

在给定的分类汇总水平上，考查一国跨产业（或者跨由 STIC 划分的产品组）产业内贸易的平均水平时，则要将各产业或产品组的贸易额在贸易总额中所占比重作为权重进行计算，即：

$$G - L_B = \frac{\sum_{i=1}^{n} B_i(X_i + M_i)}{\sum_{i=1}^{n}(X_i + M_i)} \times 100\%$$

相比较而言，$G - L_B$ 考虑到了各产业或产品组在国际贸易中的重要性不同，因此通过加权平均数来表示，但是它并没有考虑总量不平衡问题，在衡量一国产业内贸易平均水平时存在偏差。因此，他们又提出了对贸易不平衡进行调整的公式如下：

$$C = \frac{\sum_{i=1}^{n}(X_i + M_i) - \sum_{i=1}^{n}|X_i - M_i|}{\sum_{i=1}^{n}(X_i + M_i) - \left| \sum_{i=1}^{n} X_i - \sum_{i=1}^{n} M_i \right|} \times 100\%$$

（二）**Brülhart** 的边际产业内贸易指数

Brülhart（1994）对 Hamilton 和 Kniest（1991）的边际产业内贸易（MIIT）分析方法进行了改进，提出了 MIIT 指数的度量方法，又称 A 指数。MIIT 指数的测算方法沿用了 $G - L$ 指数的形式，衡量了进口与出口变化的结构，其表达式即：

$$MIIT_i = 1 - \frac{|\Delta X_i - \Delta M_i|}{|\Delta X_i| + |\Delta M_i|}$$

其中，ΔX 表示某一特定时期的出口的变化量，ΔM 表示某一特定时期的进口的变化量。A 取值范围在 0～1，A 值为 0，表明增加的贸易量完全是产业间贸易类型；A 值越小，表明增加的贸易量中产业间贸易的比重越大，反之，A 值越大，表明增加的贸易量中产业内贸易的比重越大，如果 A 值为 1，表明增加的贸易量完全是产业内贸易类型。

产业内贸易是一种客观存在的现实。20 世纪 60 年代以来，专家与学者对于产业内贸易水平的度量提出了一系列的方法，如 Balassa 指数、G－L 指数、Aquino 指数、MIIT 指数等。作为一种统计工具，无论是哪一种测量方法，本身存在一定程度局限性在所难免。而且对产业内贸易计量离不开人们对产业内贸易的认识与理论研究。人们对产业内贸易概念的理解不同，所采用的计量方法也会各不相同，同时数据的可获得性以及数据质量同样会影响产业内贸易水平的测量。就目前而言，人们普遍认为在解释贸易模式与比较优势时使用 G－L 指数是更为恰当，而边际产业内贸易指数能够反映进口与出口结构的变化。本书在研究中将 G－L 指数、MIIT 指数对中国工业制成品的产业内贸易水平进行测度。

二、数据说明

本书在第二章已经阐明，研究产业内贸易，必须界定产业的集合范围。如果把产业的范围确定得过窄或者把属于不同产业的产品确定为一个产业，产业内贸易的水平可能被无形中缩小或放大。学者们在国际贸易统计数据的收集过程中，对于使用哪种汇总体系也并没有达成一致意见。虽然学者们在理论上未能就产业的定义达成一致，但是在经验研究中，大多数人对于产业内贸易水平的计算，都是依据国际贸易中常使用的两类统计标准，即联合国的国际贸易标准分类（SITC）与世界海关组织的《商品名称及编码协调制度》（HS），而且在经验分析中使用 SITC 的要多于使用 HS 的，这样在进行历史资料分析和经验研究时，可以起到简化程序和统一标准的作用。SITC 根据商品的原料、加工处理程度、用途和功能等将所有贸易商品划分为十大类，再根据商品的生产替代和消费替代关系的紧密程度依次划分为 4 个层次，即章、组、分组和项目，划分层次越高，对产品的分类就越具体，同一代码内产品的相互替代性越高或者相互关系就越密切。

学者们在经验研究中，对于 SITC 二位数层次、三位数层次、四位数层次甚至更细的分类方法都使用过，但是绝大多数的研究倾向于使用 SITC 三位数层次上的分类数据。他们认为过于详细的分类体系会将那些在生产中具有良好替代性的产品分开，因此在研究中使用过于详细的分类体系是没有必要的。因此，包括 Grubel 和 Lloyd（1975）、Greenaway 和 Milner（1984）等大多数人的研究是把 SITC 三位数层次上的产品划分为一个产品组。本书在计算中国工业制成品的产业内贸易指数、边际产业内贸易指数以及产业内贸易指数的分解计算中均采用 SITC 标准，贸易数据全部来源于 UN Comtrade 数据库。

第三节　中国工业制成品产业内贸易水平测度

本书在中国工业制成品产业内贸易的规模与结构研究的基础上，利用 UN Comtrade 的 1992～2012 年的面板数据，测算中国工业制成品 G - L 指数、MIIT 指数，以全面把握中国工业制成品产业内贸易的发展水平。

一、中国工业制成品 G - L 指数测度

本书使用 Grubel 和 Lloyd 的度量方法，根据 UN Comtrade 的数据计算整理得出了 1992～2012 年中国工业制成品 G - L 指数、SITC5～SITC8 的 G - L 指数，见表 3 - 4 与图 3 - 4。

表 3 – 4　　　　　　1992 ~ 2012 年中国工业制成品 G – L 指数

年份	G – L 指数				
	$G – L_5$	$G – L_6$	$G – L_7$	$G – L_8$	$G – L$
1992	0. 423	0. 467	0. 430	0. 372	0. 422875
1993	0. 443	0. 460	0. 425	0. 376	0. 426150
1994	0. 462	0. 474	0. 407	0. 333	0. 419050
1995	0. 453	0. 513	0. 430	0. 362	0. 439475
1996	0. 431	0. 475	0. 431	0. 343	0. 419950
1997	0. 444	0. 491	0. 453	0. 349	0. 434225
1998	0. 451	0. 474	0. 462	0. 357	0. 436050
1999	0. 434	0. 481	0. 486	0. 400	0. 450125
2000	0. 432	0. 491	0. 515	0. 420	0. 464475
2001	0. 446	0. 507	0. 500	0. 409	0. 465425
2002	0. 445	0. 527	0. 511	0. 369	0. 462875
2003	0. 455	0. 542	0. 490	0. 372	0. 464725
2004	0. 464	0. 551	0. 530	0. 351	0. 473875
2005	0. 473	0. 505	0. 554	0. 328	0. 464950
2006	0. 513	0. 495	0. 556	0. 303	0. 466725
2007	0. 526	0. 477	0. 543	0. 309	0. 463625
2008	0. 533	0. 425	0. 551	0. 312	0. 455125
2009	0. 508	0. 438	0. 551	0. 319	0. 453950
2010	0. 518	0. 436	0. 565	0. 324	0. 460750
2011	0. 547	0. 400	0. 561	0. 324	0. 458000
2012	0. 534	0. 368	0. 551	0. 324	0. 444250

资料来源：笔者根据 UN Comtrade 统计数据计算整理得出。

通过对表 3 -4 与图 3 -4 的分析，发现 1992 ~ 2012 年中国工业制成品产业内贸易指数一直在 0.4 左右窄幅波动，指数变化不显著，最高时为 2004 年的 0.474，最低时为 1994 年的 0.419，但从

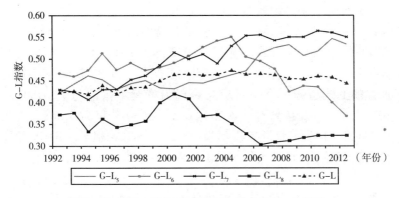

图 3 - 4 1992 ~ 2012 年中国工业制成品 G - L 指数

资料来源：笔者根据 UN Comtrade 统计数据计算整理得出。

整体上看水平呈缓慢上升趋势。但是具体分析 SITC5 ~ SITC8 不同产业 G - L 指数的变化时发现，技术或资本密集型产业、劳动密集型产业贸易水平的变化与整体贸易水平的变化差异很大，制成品内部产业内发展存在着不平衡。技术或资本密集型产业（SITC5 和 SITC7）的 G - L 指数呈现出明显的升高的趋势，SITC5 自 2006 年以后一直保持 0.5 以上，SITC7 自 2000 年以后几乎一直保持在 0.5 以上，呈现出明显的产业内贸易特征；而劳动密集型产业（SITC6 和 SITC8）的 G - L 指数整体上出现了小幅的滑落，SITC6 的 G - L 指数在 0.36 ~ 0.55 波动，在产业间贸易与产业内贸易之间摆动，SITC8 的 G - L 指数一直保持在 0.3 左右，表现为明显的产业间贸易。

进一步分析技术或资本密集型产业 1992 ~ 2012 年 G - L 指数的变化情况，可以发现其呈现出明显上升的趋势。1992 年，SITC5 的 G - L 指数为 0.423，到 2006 年突破 0.5，并继续保持小幅提高，到 2012 年，达到 0.534；SITC7 的 G - L 指数波动频率较 SITC5 高，但波动幅度并不大，1992 年为 0.430，2000 年突破了 0.5，以后稍有回落，但增长的整体趋势比较明显，到 2012 年，达到 0.551。

进一步分析劳动密集型产业 1992～2012 年 G－L 的指数变化情况，可以发现其整体上出现了小幅的滑落。其中，SITC6 和 SITC8 的变化情况又各不相同。1992 年，SITC6 的 G－L 指数为 0.467，此后，一直在 0.36～0.55 上下波动，1998～2004 年表现出明显的上升趋势，2004 年后又表现为持续下落的趋势，1992～2012 年，G－L 指数有 6 次超过 0.5，到 2012 年为 0.368，表明 SITC6 产业内贸易情况表现不为稳定。与 SITC6 相比，SITC8 的情况要明朗得多。1992 年，SITC8 的 G－L 指数为 0.372，除了 1997～2000 年这四年表现为小幅上升外，一直表现为明显的下滑趋势，到 2009 年，SITC8 的 G－L 指数为 0.319，但 2009 年以后，出现小幅上升的趋势，近三年维持在 0.324 左右。劳动密集型产业（SITC6 和 SITC8）的 G－L 指数呈现走低趋势，表明中国劳动密集型产业的优势在减弱。

从以上的分析可以看出，改革开放尤其是加入世贸组织以后，在中国对外贸易高速发展的过程中，工业制成品产业内贸易整体水平稳中有升，制造业贸易格局发生变化，产业内贸易与产业间贸易并存。技术或资本密集型产业的产业内贸易发展速度超过劳动密集型产业，传统的依靠廉价劳动力出口低技术含量产品的情况在一定程度上得到了改善。中国制成品贸易内部产业内贸易发展不平衡，产业内发展水平还不高，产业内贸易发展的基础不牢，无论资本或技术密集型产业还是整个工业制成品的产业内贸易水平都有待提高。

二、中国工业制成品 MIIT 指数测度

本书上一部分利用 G－L 指数对中国制成品产业内贸易的总体水平以及 SITC5～SITC8 四个产业的产业内贸易水平分别进行了测量，但是这样的测度是静态的，不能反映中国制成品产业内贸易发展变化的动态特征。本书下一部分将使用 Brülhart 的边际产业内贸易（MIIT）指数度量方法，根据 UN·Comtrade 的数据计算整理得出

了 1992～2012 年中国工业制成品 MIIT 指数、SITC5～SITC8 的 MI-IT 指数，见表 3–5，以期把握中国工业制成品产业内贸易发展变化的规律。

表 3–5 　　　　　　　1992～2012 年中国工业制成品 MIIT 指数

年份	MIIT 指数				
	$MIIT_5$	$MIIT_6$	$MIIT_7$	$MIIT_8$	MIIT
1992	NA	NA	NA	NA	NA
1993	0.000000	0.053935	0.259777	0.265589	0.144825
1994	0.804693	0.000000	0.978945	0.082642	0.466570
1995	0.711834	0.141373	0.219923	0.466019	0.384787
1996	0.000000	0.000000	0.703999	0.238439	0.235609
1997	0.937443	0.245190	0.000000	0.021168	0.300950
1998	0.196135	0.738675	0.769636	0.000000	0.426112
1999	0.026903	0.389596	0.812109	0.726636	0.488811
2000	0.436132	0.893022	0.972203	0.360514	0.665468
2001	0.797370	0.186787	0.898371	0.637849	0.630094
2002	0.443114	0.834955	0.966479	0.503488	0.687009
2003	0.599615	0.979338	0.957289	0.692622	0.807216
2004	0.582459	0.483493	0.854204	0.722232	0.660597
2005	0.868576	0.402372	0.619098	0.441959	0.583001
2006	0.969277	0.224107	0.779868	0.385002	0.589563
2007	0.873895	0.519768	0.628232	0.427022	0.612229
2008	0.757876	0.184648	0.466748	0.419025	0.457074
2009	0.577414	0.000000	0.577778	0.513523	0.417179
2010	0.810455	0.535453	0.853580	0.533399	0.683222
2011	0.932773	0.425863	0.801265	0.294742	0.613661
2012	0.756339	0.000000	0.528458	0.199015	0.370953

资料来源：笔者根据 UN Comtrade 统计数据计算整理得出。

通过对表 3-5 进行分析，可以发现，1993~2012 年中国工业制成品增加的贸易量中，产业内贸易与产业间贸易各占一半比例。但是工业制成品 MIIT 指数整体上呈上升趋势，尤其是 2000 年以后呈明显上升趋势，1993 年为 0.145，2012 年达到 0.371，最高时为 2003 年的 0.807。但是具体分析 SITC5~SITC8 不同产业边际产业内贸易指数的变化情况时，发现 1993~2012 年技术或资本密集型产业（SITC5 和 SITC7）增加的贸易量以产业内贸易为主，劳动密集型产业（SITC6 和 SITC8）增加的贸易量以产业间贸易为主，表明 1993~2012 年中国技术或资本密集型产业的产业内贸易发展速度快于劳动密集型产业。

进一步分析技术或资本密集型产业 1993~2012 年 MIIT 指数的变化情况，可以发现，技术或资本密集型产业（SITC5 和 SITC7）增加的贸易量以产业内贸易为主。1993~2012 年，SITC5 增加的贸易量除 1993 年、1996 年表现为完全的产业间贸易外，有 14 年增加的贸易量以产业内贸易为主，尤其是 2003 年以后，增加的贸易量均表现为以产业内贸易为主；SITC7 增加的贸易量除 1997 年表现为完全的产业间贸易外，有 16 年表现为以产业内贸易模式为主，受世界金融危机影响 2008 年 SITC7 增加的贸易量表现以产业间贸易为主。

进一步分析劳动密集型产业 1993~2012 年 MIIT 指数的变化情况，可以发现，劳动密集型产业（SITC6 和 SITC8）增加的贸易量以产业间贸易为主。1993~2012 年，SITC6 增加的贸易量除 1994 年、1996 年、2009 年、2012 年表现为完全的产业间贸易外，有 10 年增加的贸易量表现为以产业间贸易为主；SITC8 的贸易增加量除 1998 年表现为完全的产业间贸易外，有 12 年的贸易增加量表现为以产业间贸易为主。

从以上的分析中，本书得出了与前文一致的结论。即 1992~2012 年，中国制造业的贸易格局中，产业内贸易与产业间贸易并存，技术或资本密集型产业增加的贸易量以产业内贸易为主，劳动密集型产业增加的贸易量以产业间贸易为主，在工业制成品的贸易上中国从以劳动密集型产品为主向技术或资本密集型产品为主的转变。同时，中国工业制成品贸易内部产业内贸易发展不平衡，技术或资本密集型产业与劳动密集型产业进口与出口变化的结构存在较大差异，中国制成品产业内水平有待提高。

第四节　中国与主要贸易伙伴国工业制成品 G – L 指数测度

　　前文对中国制成品 G – L 指数、MIIT 指数进行了测度，本书还将对中国与主要贸易伙伴国制成品 G – L 指数进行测度，以从另一个侧面考查中国工业制成品产业内贸易发展的状况，同时发现中国与发达国家、新兴工业化国家在制成品产业内贸易发展中的差距。本节使用 Grubel 和 Lloyd 的度量方法，根据 UN Comtrade 的数据计算整理得出了 1992 ~ 2012 年间中国与美国、中国与日本、中国与韩国、中国与新加坡、中国内地与中国香港地区、中国与欧盟地区4 个国家、中国与俄罗斯工业制成品 G – L 指数，见表 3 – 6 至表3 – 15 及图 3 – 5。

表 3 – 6　　　　1992 ~ 2012 年中国与美国制成品 G – L 指数

年份	G – L 指数				
	$G – L_5$	$G – L_6$	$G – L_7$	$G – L_8$	$G – L$
1992	0.377752	0.821820	0.472225	0.237650	0.477362
1993	0.588428	0.752440	0.702730	0.149319	0.548229
1994	0.483352	0.679399	0.775557	0.127202	0.516377
1995	0.468937	0.635328	0.991913	0.147696	0.560969
1996	0.497356	0.701031	0.999264	0.146646	0.586074
1997	0.590517	0.628732	0.887395	0.112960	0.554901

年份	G-L指数				
	$G-L_5$	$G-L_6$	$G-L_7$	$G-L_8$	$G-L$
1998	0.608769	0.508026	0.823022	0.113855	0.513418
1999	0.582686	0.476847	0.829157	0.137609	0.506575
2000	0.650533	0.424022	0.746095	0.151387	0.493009
2001	0.701239	0.368735	0.817591	0.202774	0.522585
2002	0.683934	0.317791	0.647848	0.170972	0.455136
2003	0.645594	0.361389	0.500314	0.185257	0.423139
2004	0.673581	0.274038	0.471447	0.189743	0.402202
2005	0.769765	0.245354	0.420391	0.162114	0.399406
2006	0.809606	0.219059	0.438466	0.163266	0.407599
2007	0.744727	0.251499	0.422968	0.149803	0.392249
2008	0.856775	0.277973	0.427053	0.164061	0.431466
2009	0.760205	0.313690	0.441849	0.173105	0.422212
2010	0.759574	0.309953	0.435260	0.168070	0.418214
2011	0.817256	0.297170	0.415877	0.174541	0.426211
2012	0.844634	0.284096	0.411744	0.189325	0.432450

资料来源：笔者根据 UN Comtrade 统计数据计算整理得出。

表 3-7　　　　1992~2012 年中国与日本制成品 G-L 指数

年份	G-L指数				
	$G-L_5$	$G-L_6$	$G-L_7$	$G-L_8$	$G-L$
1992	0.601619	0.599986	0.143729	0.391203	0.434134
1993	0.532601	0.495000	0.220079	0.419009	0.416672
1994	0.532284	0.662329	0.284737	0.358509	0.459464
1995	0.584975	0.811631	0.438377	0.382380	0.554341
1996	0.585712	0.756873	0.510566	0.355439	0.552148

续表

年份	G－L 指数				
	$G－L_5$	$G－L_6$	$G－L_7$	$G－L_8$	$G－L$
1997	0.555409	0.798246	0.586031	0.345834	0.571380
1998	0.517050	0.743050	0.615301	0.349407	0.556202
1999	0.422978	0.707674	0.578755	0.342258	0.512916
2000	0.438047	0.751326	0.598665	0.339966	0.532001
2001	0.469661	0.772262	0.660586	0.326310	0.557205
2002	0.407880	0.744935	0.663552	0.418734	0.558775
2003	0.396973	0.771907	0.642915	0.552941	0.591184
2004	0.390518	0.792242	0.656387	0.607788	0.611734
2005	0.457044	0.833849	0.714295	0.601731	0.651730
2006	0.486039	0.829137	0.695013	0.618520	0.657177
2007	0.498409	0.800727	0.694733	0.636517	0.657596
2008	0.556278	0.802540	0.712911	0.661332	0.683265
2009	0.424981	0.746043	0.699222	0.617012	0.621815
2010	0.493075	0.736148	0.667251	0.693729	0.647551
2011	0.597365	0.853182	0.680892	0.652142	0.695895
2012	0.522656	0.861398	0.776763	0.635630	0.696612

资料来源：笔者根据 UN Comtrade 统计数据计算整理得出。

表3－8   1992～2012 年中国与韩国制成品 G－L 指数

年份	G－L 指数				
	$G－L_5$	$G－L_6$	$G－L_7$	$G－L_8$	$G－L$
1992	0.464287	0.703015	0.361311	0.619522	0.537034
1993	0.379227	0.463082	0.306598	0.740248	0.472289
1994	0.407011	0.586196	0.344232	0.602826	0.485066
1995	0.420482	0.812657	0.443299	0.705232	0.595417

续表

年份	G－L 指数				
	$G－L_5$	$G－L_6$	$G－L_7$	$G－L_8$	$G－L$
1996	0.369382	0.664163	0.539667	0.762657	0.583967
1997	0.319298	0.710095	0.595645	0.751838	0.594219
1998	0.230801	0.456376	0.624122	0.846903	0.539551
1999	0.273719	0.513538	0.606585	0.759227	0.538268
2000	0.261172	0.560392	0.590632	0.656184	0.517095
2001	0.287983	0.549619	0.642770	0.615508	0.523970
2002	0.300687	0.677891	0.533929	0.757353	0.567465
2003	0.302135	0.684521	0.487442	0.847238	0.580334
2004	0.273507	0.812217	0.549077	0.622742	0.564385
2005	0.295748	0.919761	0.526796	0.555304	0.574402
2006	0.338512	0.920948	0.539825	0.641712	0.610249
2007	0.363901	0.805602	0.591648	0.610723	0.592968
2008	0.403698	0.667667	0.728891	0.617992	0.604562
2009	0.357182	0.996521	0.705986	0.546075	0.651441
2010	0.401598	0.905300	0.641756	0.531698	0.620088
2011	0.424748	0.833084	0.636442	0.600968	0.623810
2012	0.390955	0.839961	0.667199	0.635852	0.633492

资料来源：笔者根据 UN Comtrade 统计数据计算整理得出。

表 3 － 9   1992 ~ 2012 年中国与新加坡制成品产业内贸易指数

年份	G－L 指数				
	$G－L_5$	$G－L_6$	$G－L_7$	$G－L_8$	$G－L$
1992	0.822931	0.171972	0.830267	0.196894	0.505516
1993	0.708483	0.302372	0.957718	0.242188	0.552690
1994	0.607220	0.355365	0.994940	0.198269	0.538948

续表

年份	G - L 指数				
	G - L$_5$	G - L$_6$	G - L$_7$	G - L$_8$	G - L
1995	0. 610291	0. 358413	0. 924067	0. 254123	0. 536723
1996	0. 568143	0. 411742	0. 936625	0. 298415	0. 553731
1997	0. 475206	0. 288809	0. 957007	0. 253596	0. 493654
1998	0. 388034	0. 366953	0. 936914	0. 462466	0. 538592
1999	0. 365509	0. 384962	0. 942737	0. 465097	0. 539576
2000	0. 341712	0. 446525	0. 940117	0. 410775	0. 534782
2001	0. 289694	0. 412608	0. 916058	0. 461764	0. 520031
2002	0. 231609	0. 512103	0. 965142	0. 495608	0. 551115
2003	0. 226270	0. 676543	0. 966219	0. 589860	0. 614723
2004	0. 262798	0. 485296	0. 958973	0. 677121	0. 596047
2005	0. 274728	0. 428486	0. 936795	0. 732708	0. 593179
2006	0. 334320	0. 316673	0. 765852	0. 775581	0. 548106
2007	0. 379934	0. 285466	0. 668882	0. 590175	0. 481114
2008	0. 489524	0. 275430	0. 606765	0. 663945	0. 508916
2009	0. 414879	0. 296904	0. 603592	0. 670147	0. 496380
2010	0. 359995	0. 268131	0. 703226	0. 823435	0. 538697
2011	0. 395620	0. 199201	0. 696336	0. 849718	0. 535219
2012	0. 415931	0. 153813	0. 657289	0. 789379	0. 504103

资料来源：笔者根据 UN Comtrade 统计数据计算整理得出。

表 3 - 10　　1992 ~ 2012 年中国内地与中国香港制成品 G - L 指数

年份	G - L 指数				
	G - L$_5$	G - L$_6$	G - L$_7$	G - L$_8$	G - L
1992	0. 608163	0. 986906	0. 908473	0. 260050	0. 690898
1993	0. 925440	0. 786864	0. 953741	0. 270180	0. 734056

年份	G－L 指数				
	G－L$_5$	G－L$_6$	G－L$_7$	G－L$_8$	G－L
1994	0.790948	0.552761	0.751392	0.195139	0.572560
1995	0.606666	0.455881	0.563024	0.203892	0.457366
1996	0.617930	0.480910	0.559070	0.189637	0.461886
1997	0.487030	0.393515	0.434876	0.123206	0.359657
1998	0.499789	0.389965	0.443489	0.143959	0.369300
1999	0.688046	0.396133	0.401652	0.170727	0.414140
2000	0.788266	0.372256	0.400538	0.212045	0.443276
2001	0.804686	0.350778	0.348962	0.232734	0.434290
2002	0.813274	0.313961	0.331341	0.198129	0.414176
2003	0.750162	0.265403	0.245524	0.170902	0.357998
2004	0.709615	0.222436	0.183923	0.142401	0.314594
2005	0.613094	0.188924	0.138888	0.133003	0.268477
2006	0.647557	0.158530	0.089655	0.105881	0.250406
2007	0.709299	0.153426	0.084864	0.089587	0.259294
2008	0.778470	0.142325	0.073169	0.082649	0.269153
2009	0.677115	0.131797	0.059754	0.066237	0.233726
2010	0.690477	0.119749	0.047307	0.053745	0.227819
2011	0.612958	0.095608	0.037651	0.032195	0.194603
2012	0.563980	0.087269	0.023222	0.022706	0.174294

资料来源：笔者根据 UN Comtrade 统计数据计算整理得出。

表 3 – 11　　　　1992 ~ 2012 年中国与德国制成品 G – L 指数

年份	G – L 指数				
	$G-L_5$	$G-L_6$	$G-L_7$	$G-L_8$	$G-L$
1992	0. 865364	0. 980137	0. 158457	0. 296839	0. 575199
1993	0. 949681	0. 797828	0. 297679	0. 202308	0. 561874
1994	0. 993504	0. 831469	0. 314334	0. 204702	0. 586002
1995	0. 925522	0. 805038	0. 373009	0. 231192	0. 583690
1996	0. 994052	0. 847555	0. 440228	0. 241919	0. 630939
1997	0. 989564	0. 793550	0. 605758	0. 217446	0. 651580
1998	0. 999147	0. 741647	0. 645643	0. 228891	0. 653832
1999	0. 866532	0. 805582	0. 662325	0. 298526	0. 658241
2000	0. 712337	0. 907413	0. 727257	0. 444840	0. 697962
2001	0. 659972	0. 931006	0. 643808	0. 592147	0. 706733
2002	0. 621179	0. 883515	0. 666082	0. 642426	0. 703301
2003	0. 571125	0. 881722	0. 717816	0. 614284	0. 696237
2004	0. 534599	0. 912513	0. 785133	0. 595660	0. 706976
2005	0. 559532	0. 976246	0. 948864	0. 438832	0. 730868
2006	0. 569752	0. 976103	0. 943647	0. 423941	0. 728361
2007	0. 608670	0. 912091	0. 939531	0. 455053	0. 728836
2008	0. 675595	0. 950289	0. 915676	0. 438787	0. 745087
2009	0. 572693	0. 984258	0. 819358	0. 448698	0. 706252
2010	0. 595541	0. 907685	0. 827508	0. 461286	0. 689005
2011	0. 572040	0. 862925	0. 718334	0. 479647	0. 658236
2012	0. 500684	0. 898412	0. 678718	0. 538562	0. 654094

资料来源：笔者根据 UN Comtrade 统计数据计算整理得出。

表 3 – 12　　　　1992 ~ 2012 年中国与英国制成品 G – L 指数

年份	G – L 指数				
	$G – L_5$	$G – L_6$	$G – L_7$	$G – L_8$	$G – L$
1992	0. 686571	0. 742465	0. 253228	0. 343159	0. 506356
1993	0. 750316	0. 835490	0. 543840	0. 151681	0. 570332
1994	0. 949593	0. 750649	0. 628923	0. 151169	0. 620083
1995	0. 845353	0. 692589	0. 794326	0. 156569	0. 622209
1996	0. 861106	0. 719158	0. 967283	0. 150096	0. 674411
1997	0. 859805	0. 760764	0. 932658	0. 140062	0. 673322
1998	0. 937261	0. 605609	0. 820918	0. 132545	0. 624083
1999	0. 851280	0. 536280	0. 984096	0. 189176	0. 640208
2000	0. 773327	0. 567733	0. 887525	0. 214570	0. 610789
2001	0. 794278	0. 531669	0. 866490	0. 224658	0. 604274
2002	0. 822803	0. 507092	0. 673480	0. 212643	0. 554005
2003	0. 832550	0. 473895	0. 549126	0. 199949	0. 513880
2004	0. 815414	0. 389806	0. 509620	0. 231891	0. 486683
2005	0. 916799	0. 414225	0. 488036	0. 189709	0. 502192
2006	0. 985446	0. 365912	0. 474931	0. 169224	0. 498878
2007	0. 968772	0. 386590	0. 395359	0. 149841	0. 475140
2008	0. 997631	0. 417515	0. 455548	0. 145648	0. 504086
2009	0. 886481	0. 353025	0. 429183	0. 139699	0. 452097
2010	0. 972981	0. 356767	0. 513611	0. 145415	0. 497194
2011	0. 979116	0. 325266	0. 607131	0. 151394	0. 515727
2012	0. 928185	0. 280338	0. 701051	0. 150779	0. 515088

资料来源：笔者根据 UN Comtrade 统计数据计算整理得出。

表 3 – 13   1992 ~ 2012 年中国与法国制成品 G – L 指数

年份	G – L 指数				
	$G–L_5$	$G–L_6$	$G–L_7$	$G–L_8$	$G–L$
1992	0. 577091	0. 833510	0. 101036	0. 206737	0. 429593
1993	0. 656458	0. 834993	0. 339847	0. 139780	0. 492770
1994	0. 696624	0. 824625	0. 310134	0. 164999	0. 499095
1995	0. 820375	0. 749130	0. 379037	0. 213102	0. 540411
1996	0. 747206	0. 870844	0. 440269	0. 160461	0. 554695
1997	0. 753306	0. 916833	0. 426102	0. 234478	0. 582680
1998	0. 785480	0. 860158	0. 572697	0. 184959	0. 600824
1999	0. 568930	0. 905873	0. 555627	0. 192047	0. 555619
2000	0. 560168	0. 857354	0. 763147	0. 232464	0. 603284
2001	0. 619320	0. 927284	0. 701366	0. 260816	0. 627197
2002	0. 531946	0. 865485	0. 753393	0. 280304	0. 607782
2003	0. 597184	0. 922650	0. 988143	0. 321846	0. 707456
2004	0. 575173	0. 867023	0. 941947	0. 312497	0. 674160
2005	0. 576230	0. 768577	0. 980194	0. 272884	0. 649471
2006	0. 629057	0. 730077	0. 965747	0. 267996	0. 648219
2007	0. 612838	0. 671683	0. 840341	0. 295488	0. 605087
2008	0. 529303	0. 692221	0. 856685	0. 279249	0. 589365
2009	0. 561747	0. 709340	0. 776212	0. 269991	0. 579322
2010	0. 684979	0. 655164	0. 807775	0. 252765	0. 600171
2011	0. 591934	0. 639224	0. 884074	0. 288760	0. 600998
2012	0. 516212	0. 631674	0. 946067	0. 321275	0. 603807

资料来源：笔者根据 UN Comtrade 统计数据计算整理得出。

表 3 – 14   1992～2012 年中国与荷兰制成品 G – L 指数

年份	G – L 指数				
	G – L$_5$	G – L$_6$	G – L$_7$	G – L$_8$	G – L
1992	0. 740058	0. 415338	0. 542413	0. 080320	0. 444532
1993	0. 752380	0. 671165	0. 887133	0. 091042	0. 600430
1994	0. 487523	0. 320612	0. 937552	0. 071706	0. 454348
1995	0. 496833	0. 154853	0. 723447	0. 079282	0. 363604
1996	0. 610670	0. 251425	0. 600086	0. 076992	0. 384793
1997	0. 503571	0. 204287	0. 525860	0. 079786	0. 328376
1998	0. 475760	0. 193635	0. 289491	0. 066608	0. 256373
1999	0. 761007	0. 245938	0. 257884	0. 082107	0. 336734
2000	0. 849744	0. 198561	0. 222131	0. 095509	0. 341486
2001	0. 849948	0. 290580	0. 263518	0. 155989	0. 390009
2002	0. 920038	0. 320854	0. 219262	0. 162830	0. 405746
2003	0. 888896	0. 234909	0. 173970	0. 136905	0. 358670
2004	0. 883232	0. 191175	0. 168038	0. 296582	0. 384756
2005	0. 746892	0. 155237	0. 116062	0. 158689	0. 294220
2006	0. 699755	0. 146564	0. 112504	0. 219295	0. 294529
2007	0. 717808	0. 109908	0. 131437	0. 063458	0. 255653
2008	0. 652799	0. 108391	0. 138866	0. 059049	0. 239776
2009	0. 803503	0. 167061	0. 163967	0. 077091	0. 302906
2010	0. 760067	0. 134371	0. 127115	0. 068647	0. 272550
2011	0. 687705	0. 119693	0. 148777	0. 070796	0. 256743
2012	0. 785840	0. 123924	0. 107491	0. 054983	0. 268060

资料来源：笔者根据 UN Comtrade 统计数据计算整理得出。

表 3 – 15   1992 ~ 2012 年中国与俄罗斯制成品 G – L 指数

年份	G – L 指数				
	$G - L_5$	$G - L_6$	$G - L_7$	$G - L_8$	G – L
1992	0. 125051	0. 600139	0. 217742	0. 022592	0. 241381
1993	0. 206548	0. 218591	0. 198167	0. 033800	0. 164277
1994	0. 142332	0. 232851	0. 334547	0. 033739	0. 185867
1995	0. 061299	0. 224614	0. 411868	0. 075190	0. 193243
1996	0. 052298	0. 131858	0. 191059	0. 294624	0. 167460
1997	0. 070168	0. 287955	0. 507462	0. 488070	0. 338414
1998	0. 085264	0. 272908	0. 174175	0. 263687	0. 199009
1999	0. 115079	0. 120603	0. 297113	0. 172990	0. 176446
2000	0. 136728	0. 160356	0. 803192	0. 115090	0. 303841
2001	0. 143242	0. 264356	0. 216790	0. 174970	0. 199840
2002	0. 143179	0. 356497	0. 478151	0. 056524	0. 258588
2003	0. 223778	0. 405804	0. 896586	0. 042351	0. 392130
2004	0. 255245	0. 702472	0. 552912	0. 012679	0. 380827
2005	0. 361448	0. 862471	0. 216180	0. 008703	0. 362201
2006	0. 567545	0. 622537	0. 086202	0. 008120	0. 321101
2007	0. 722584	0. 491358	0. 052400	0. 006098	0. 318110
2008	0. 782793	0. 443097	0. 060410	0. 009445	0. 323936
2009	0. 723739	0. 892544	0. 132906	0. 016426	0. 441404
2010	0. 708968	0. 727093	0. 061245	0. 013791	0. 377774
2011	0. 797284	0. 668248	0. 029176	0. 013772	0. 377120
2012	0. 842729	0. 497221	0. 025186	0. 017902	0. 345760

资料来源：笔者根据 UN Comtrade 统计数据计算整理得出。

一、中美工业制成品 G – L 指数测度

作为当今世界上发展中国家与发达国家最主要的经济体，中美

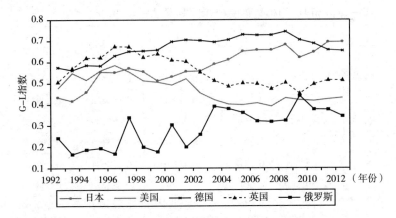

图3-5 1992～2012年中国与主要贸易伙伴国制成品G-L指数

资料来源：笔者根据 UN Comtrade 统计数据计算整理得出。

自1979年建立正式外交关系以来，双方经贸发展受两国关系的影响，经历过一些波折与摩擦，但总体趋势是贸易发展迅速。1992年，中美贸易总额172亿美元，2003中美贸易总额达到1266亿美元，到2012年，中美贸易总额达到4862亿美元，是1992年的28倍之多。现在美国为中国第一大出口市场和第二大贸易伙伴，中国成为美国的第二大进口贸易伙伴，双方互为对方不可或缺的贸易伙伴。制成品是中美贸易中的主要商品，中美制成品贸易在中国对外贸易中占有重要的份额。1992年以来，工业制成品贸易在中美贸易额中所占的比重超过90%。加工贸易在中美贸易之间所占比重很高。1993年，中国在中美贸易中出现顺差62亿美元，此后，中国对美国的贸易顺差持续扩大，到2012年，中国在中美贸易中表现出的顺差达到2186.7亿美元，在两国贸易高速增长的同时，贸易争端与贸易摩擦频发。

表3-6中的数据揭示了1992～2012年中国与美国制成品G-L指数的变化情况。

从表3-6可以发现：从发展趋势上看，1992～2012年中美制成品产业内贸易总体水平表现为先升后降。1992～2001年中美制成品产业内贸易总体水平表现为明显的上升趋势，1992 年为 0.47，1993 年超过 0.5，1993～2001 年基本在 0.5 左右波动；2002 年后，中美制成品产业内贸易总体水平略有下降，但幅度不大，即中国加入 WTO 以后中美制成品产业内贸易总体水平基本不低 0.4，表明贸易自由化对两国产业间贸易的正效应要大于产业内贸易。中美产业内贸易总体水平处于较低水准，表明中美之间仍是以按比较优势分工为基础的产业间贸易为主。

　　进一步分析中美两国 SITC5～SITC8 产业内贸易发展情况，可以发现，中美之间工业制成品以产业间贸易为主。在技术或资本密集型产业（SITC5 和 SITC7）中，产业内贸易总体水平（$G-L_5$ 和 $G-L_7$）相对较高，表明中美两国在资本技术密集型产品的产业内贸易在逐步深入。在技术或资本密集型产业中，SITC5 增长势头明显，2005 年后，$G-L$ 指数始终保持在 0.7 以上，2008 年达到 0.857，在中美制成品产业内贸易发展中处于很高的地位，这是由于化学工业一直是美国对华直接投资中的重点领域，美国在中国化学工业直接投资的增加是促使双边化学工业品产业内贸易水平提高的一个原因。而劳动密集型产业（SITC6 和 SITC8）的产业内贸易水平相对较低。SITC6 的产业内贸易虽然曾经达到过很高水准，但是 $G-L$ 指数逐年下降，1999 年以后 $G-L$ 指数再未超过 0.5；而 SITC8 的 $G-L$ 指数自 1992 年以来几乎未超过 0.2。表明中国劳动力价格低廉的优势被逐渐削弱，而其他新兴经济体具有的同样的优势，在很大程度上对中国劳动密集型产业的发展形成了威胁。

　　对于中国与美国而言，由于双方经济发展水平存在较大差距，加上两国在地理上的距离增加了生产配置的难度，中美之间工业制成品贸易仍是以按比较优势分工为基础的产业间贸易为主，中美工业制成品贸易产业内贸易水平有待提高。

二、中日等东亚国家工业制成品 G－L 指数测度

　　中日自 1972 年实现邦交正常化以来，两国经贸关系发展迅速。

1992 年，两国贸易额为 252.6 亿美元；2004 年，达到 1684 亿美元，2012 年达到 3294.6 亿美元。1993～2003 年日本连续 11 年成为中国第一大贸易伙伴。目前，中国为日本最大的贸易伙伴，日本为中国第三大贸易伙伴，双方互为对方举足轻重的贸易伙伴，工业制成品贸易是两国贸易的主体。

表 3-7 中罗列了 1992～2012 年的中日制成品 G-L 指数。比较表 3-6 与表 3-7 之间的差异性可以看出，中日工业制成品产业内贸易发展水平明显高于中美。同时，中日制成品产业内部产业内贸易发展均衡，无论是技术或资本密集型产业，还是劳动密集型产业，均表现出良好的发展态势与不俗的发展水平。

新兴工业化国家的韩国、新加坡与日本一样，与中国有着独特的地缘优势，同时中韩、中新之间与中日之间一样，具有的相似的文化背景和历史习俗，这为开展产业内贸易提供了先天的条件。以下分别比较中韩与中日之间、中新间制成品产业内贸易发展的差异性，见表 3-8 和表 3-9。

依据表 3-8，中韩工业制成品产业贸易发展情况与中日大体相同。1992～2012 年中韩工业制成品的产业内贸易一直保持较高水平，1992 年为 0.53，表现为产业内贸易，高于当时中日制成品产业贸易水平。此后表现为稳步增长，到 2012 年，达到 0.63。表明产业内贸易已经成为中韩工业制成品贸易的主要形式。进一步分析中韩制成品内部各产业的发展情况，仍然与中日之间大体相同，1992 年以来，SITC5 的 G-L 指数为 0.46，表现为产业间贸易，此后，指数呈小幅下滑趋势，到 2012 年为 0.39；SITC6、SITC7、SITC8 均表现出明显的产业内贸易模式，到 2008 年，G-L 指数均超过 0.6。与中日制成品产业贸易发展情况相同，SITC7 产业内贸易发展最快，从 1992 年的 0.36 上升到 2008 年的 0.72。

同为东亚国家，中韩与中日工业制成品产业内贸易发展水平相近，制成品内部各产业间产业内贸易发展均衡，但是中日工业制成品的产业内贸易发展水平高于中韩。

表 3 - 9 罗列了 1992 ~ 2012 年的中国与新加坡制成品 G - L 指数的变化情况。根据表 3 - 9，中国与新加坡工业制成品产业内贸易发展整体水平较中日、中韩低。进一步比较制成品内部各产业的产业内贸易发展情况，SITC5 的 G - L 指数低，与中日、中韩大体相同，表现为产业间贸易；与中日、中韩不同的是，SITC6 产业内贸易发展速度缓慢，1992 ~ 2012 年始终表现为产业间贸易；SITC7 的 G - L 指数则表现出明显下滑的趋势，由 1992 年的 0.83 下降到 2012 年的 0.66；SITC8 是产业内贸易发展速度最快的产业，G - L 指数呈显著上升，从 1992 年的 0.196 上升到 2012 年的 0.789，表明中新之间 SITC8 的贸易已从产业间贸易转变为产业内贸易。

由于中国香港地区特殊的地理位置，贸易以转口贸易为主，为此中国内地与其制成品产业内贸易发展情况与中美以及中日、中韩等大不相同，不具有可比性。为此，本书只是对双方 G - L 指数进行了测度，见表 3 - 10，这里不作具体分析。

三、中欧工业制成品 G - L 指数测度

欧盟前身为法国、意大利、联邦德国、荷兰、比利时、卢森堡，6 国于 1951 年成立的欧洲煤钢共同体。1967 年，6 国将欧洲煤钢共同体、欧洲原子能共同体、欧洲经济共同体统一起来，称为欧洲共同体（简称欧共体）。1973 年英国、丹麦和爱尔兰加入欧共体，1981 年希腊加入，1986 年葡萄牙和西班牙加入。1993 年，欧共体更名为欧洲联盟（简称欧盟），从经济实体向经济政治实体过渡。1995 年奥地利、瑞典和芬兰加入欧盟，2004 年 5 月，马耳他、塞浦路斯、波兰、匈牙利、捷克、斯洛伐克、斯洛文尼亚、爱沙尼亚、拉脱维亚、立陶宛 10 个国家加入，2007 年 1 月 1 日，罗马尼亚，保加利亚加入欧盟。经 6 次扩大，欧盟共有成员国 27 个，面积覆盖大半个欧洲，人口约 4.8 亿，是世界上经济实力最强、一体化程度最高的国家联合体。据欧盟统计局统计，2012 年，中欧双

边贸易额为 4156.6 亿美元，双方贸易发展的态势强劲，欧盟连续
6 年成为中国第一大贸易伙伴，中国成为欧盟第二大贸易伙伴，中
国与欧盟贸易关系日益紧密，欧盟在中国对外贸易合作中的战略地
位日益重要。

在欧盟成员国中，德国、英国、法国、荷兰 4 个国家的贸易额
占中欧贸易总额的 2/3 以上，其中，德国是中国与欧盟成员国中的
最大贸易伙伴国，英国、法国、荷兰的贸易水平基本相同。因此，
本部分选取德国、英国、法国、荷兰这 4 个国家为代表，研究中国
与欧盟之间制成品产业内贸易的发展情况。

四、中俄工业制成品 G－L 指数测度

作为两个经济大国，中国与俄罗斯有着与日本、韩国两国同样
的地缘优势，但中俄两国经贸关系的密切程度远不如两国政治层面
的合作。1992 年，中俄贸易总额 58.62 亿美元，不足中美贸易额
1/3，仅为中日贸易额 23% 左右。1996 年，中俄建立"面向 21 世
纪的战略协助伙伴"关系，双方贸易呈现持续增长的态势，2006
年，中俄贸易总额 333.70 亿美元，到 2012 年，中俄实现贸易额
881.9 亿美元，中国成为俄罗斯第四大贸易伙伴，是俄罗斯在亚太
地区的第一大贸易伙伴，俄罗斯是中国的第十大贸易伙伴。

分析表 3－15 可以发现，1992～2012 年，中俄制成品产业内
贸易整体水平较低，大部分年间在 0.3 左右波动，表现为明显的产
业间贸易模式。进一步分析制成品内部各产业的产业内贸易发展情
况，可以看出，除 SITC5 的 G－L 指数增长趋势明显，表现为产业
内贸易模式外，SITC6 的 G－L 指数表现不稳定，SITC7、SITC8 则
表现为产业间贸易模式，2006～2012 年，除 2009 年外，SITC7 的
G－L 指数不到 0.1，SITC8 的 G－L 指数自 2002 年以来就未达到过
0.1。

从上述分析中可得出下列结论：目前，中俄两国工业制成品贸
易以产业间贸易为主，产业内贸易处于发展的初级阶段，双方产业

内贸易的基础尚不牢固，发展水平偏低，中俄工业制成品产业内贸易发展水平不及中欧、中美，更不如与中日、中韩，限制了中俄贸易的进一步发展。两国战略协作伙伴关系下一步应重点增强两国在经贸领域的合作，并通过发展两国工业制成品贸易扩大贸易规模，提升贸易发展水平与质量，中俄两国开展工业制成品产业内贸易的市场空间巨大。

第五节　中国工业制成品贸易竞争力分析

中国工业制成品产业内贸易的发展尤其是资本或技术密集产业内贸易的发展，表明中国制造业贸易格局发生了变化，产业结构得到了优化。产业内贸易指数反映了中国工业制造业参与国际分工的情况，但是却不能反映中国工业制成品在国际上的竞争力水平与进出口产品的比较优势。为此，本书结合贸易竞争力指数来分析中国工业制成品产业内贸易的状况。

贸易产业竞争力是贸易发展的核心问题，衡量贸易产业竞争力强弱的指标很多，本书主要利用贸易竞争指数来分析和考查中国工业制成品的竞争力情况。

一、贸易竞争力指数

贸易竞争力指数，也称贸易专业化系数（简称 TC），是一国某一产业净出口额与该产业进出口总额的比值，也是衡量一国某一产业的国际竞争力的指标，表明一国对外贸易的比较优势主要集中在那类产品。该指标的范围为（ –1，+1），指标为正，说明该产业在国际市场中具有竞争优势；反之则处于竞争劣势。数值越大就表明该产业的国际竞争力越强，反之，国际竞争力越差。贸易竞争力指数计算公式为：

$$TC_i = \frac{X_i - M_i}{X_i + M_i}$$

其中，i 代表某一国家、某一产业或某一产品，X 代表出口额，M 代表进口额。产品贸易竞争力指数表明一个国家的某类产品是净出口还是净进口，以及净出口、净进口的相对规模。如果用 TC 表示一国的 i 类产品的贸易竞争力指数，若 TC > 0，则该产业为出口专业化，表明该国的 i 产品具有较强的外贸竞争力，该国为 i 产品的净出口国；若 TC < 0，则该产业为进口专业化，表明该国的 i 产品的外贸竞争力较弱，该国是 i 产品的净进口国；若 TC = 0，则该产业为水平型分工，说明该国 i 产品的外贸竞争力与国际水平基本相当，进出口仅是国际间进行的差异化产品的交换；若 TC = 1 或 TC = −1，说明一国存在该产业只有出口或只有进口的极端情况。

处在不同发展水平的国家，其产品的贸易竞争力各不相同。而同一国家即使在经济发展的不同阶段，其初级产品和工业制成品的贸易竞争力指数也会表现出极大的差异，并且具有明显的规律性。就一个国家而言，初级产品和工业制成品的贸易竞争力指数的变化有规律可循。在经济发展初期阶段，其初级产品的贸易竞争力指数一般大于零，表现出较强的国际竞争力，而工业制成品贸易则相反，竞争力指数一般小于零，缺乏国际竞争力。随着经济的发展，工业化进程加快，产业结构优化升级，初级产品的贸易竞争力指数会逐渐下降，工业制成品的贸易竞争力指数逐渐上升，工业产品的对外贸易竞争力逐渐增强。

二、贸易竞争力的测度与分析

根据 UN Comtrade 的数据，计算整理得出 1992 ~ 2012 年中国工业制成品贸易竞争力指数、SITC5 ~ SITC8 的贸易竞争力指数，见表 3 – 16 与图 3 – 6。

表 3 - 16　　　1992 ~ 2012 年中国工业制成品贸易竞争力指数

年份	TC 指数				
	TC_5	TC_6	TC_7	TC_8	TC
1992	- 0. 439985	- 0. 088628	- 0. 399340	0. 719240	- 0. 052179
1993	- 0. 355955	- 0. 270147	- 0. 489662	0. 721039	- 0. 098681
1994	- 0. 320909	- 0. 094856	- 0. 403099	0. 761724	- 0. 014285
1995	- 0. 310944	0. 056867	- 0. 252656	0. 739912	0. 058295
1996	- 0. 342037	- 0. 048300	- 0. 215949	0. 740687	0. 033600
1997	- 0. 307208	0. 033195	- 0. 093955	0. 783102	0. 103783
1998	- 0. 322771	0. 022066	- 0. 061908	0. 784982	0. 105592
1999	- 0. 396947	- 0. 015620	- 0. 082755	0. 763919	0. 067149
2000	- 0. 428142	0. 008759	- 0. 053465	0. 742938	0. 067523
2001	- 0. 412532	0. 021875	- 0. 059997	0. 704923	0. 063567
2002	- 0. 436178	0. 044022	- 0. 038008	0. 672586	0. 060605
2003	- 0. 428766	0. 038490	- 0. 013277	0. 585022	0. 045367
2004	- 0. 425921	0. 152666	0. 029611	0. 514447	0. 067701
2005	- 0. 369689	0. 228095	0. 096087	0. 522738	0. 119307
2006	- 0. 323137	0. 335800	0. 122113	0. 538927	0. 168426
2007	- 0. 280638	0. 363241	0. 166754	0. 545574	0. 198733
2008	- 0. 200113	0. 420034	0. 207983	0. 549529	0. 244358
2009	- 0. 287188	0. 263388	0. 182981	0. 557539	0. 179180
2010	- 0. 261244	0. 309856	0. 173877	0. 537835	0. 190081
2011	- 0. 222916	0. 360198	0. 177168	0. 565215	0. 219916
2012	- 0. 222690	0. 391159	0. 192658	0. 594633	0. 238940

资料来源：笔者根据 UN Comtrade 统计数据计算整理得出。

通过对表 3 - 16 与图 3 - 6 的分析可知：从整体看，中国工业制成品（SITC5 ~ SITC8）的贸易竞争力指数在 1992 年为负值，但 1995 年以后一直体现为正指标，表明中国工业制成品初步具备一

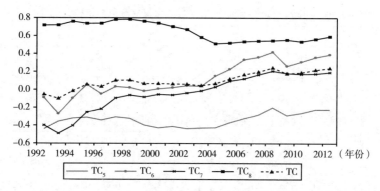

图 3 – 6　1992 ~ 2012 年中国工业制成品贸易竞争力指数

资料来源：笔者根据 UN Comtrade 统计数据计算整理得出。

定的国际竞争优势；2001 年中国加入 WTO 之后，由于失去国内相关贸易政策的保护，国内市场面对着激烈的国际竞争压力，中国工业制成品的贸易竞争优势一度出现了下降，但是经过 2 年的短暂调整后，在 2004 年以后的 9 年中，中国工业制成品贸易竞争力指数呈现出持续的升高趋势，表明中国工业制成品在国际贸易中的竞争优势在逐步扩大。

具体分析工业制成品各产业的贸易竞争力指数发现，1999 ~ 2012 年劳动密集型产业（SITC6 和 SITC8）的贸易竞争力指数基本大于 0，尤其是 SITC8 的贸易竞争力指数，尽管先升后降，从 1992 年的 0.719 下降到 2012 年的 0.595，但是仍然保持了较高的水平；而资本或技术密集型产业（SITC5 和 SITC7）的贸易竞争力指数以负值为主，说明中国的资本或技术密集型产业在国际上不具有竞争优势，中国工业制成品（SITC5 ~ SITC8）所具有的国际竞争优势，主要来自劳动密集型产品的贸易竞争优势。

通过进一步的分析发现，机械及运输设备（SITC7）的贸易竞争力指数在 2003 年以前一直表现为负值，2004 年实现了由负值到正值性转变，并从此保持连续的上升趋势，表明中国机械及运输设备的在国际市场的竞争力在逐步增强，并形成了国际竞争优势，而且这种竞争优势在逐步扩大。同时，对于化学制品及相关产品（SITC5）的贸易竞争力指数自 1992～2012 年一直表现为负值，表明中国在该产业的国际贸易中处于竞争劣势。

不容忽视的是，2008 年的全球金融危机对中国工业制成品的国际竞争优势产生了一定的影响，但是这并未从根本上改变中国制成品贸易竞争力优势逐步提高的趋势。以下利用上述贸易竞争力的测度结果，结合本书第三章关于中国工业制成品产业内贸易水平的测度，对 2008 年 SITC5～SITC8 的产业内贸易情况进行分别分析：

（1）SITC5 的 G－L 指数为 0.533，产业内贸易水平较高（G－L＞0.5），TC 为 －0.200，产品竞争力低（TC＜0）；本类产品为化学制品及相关产品，产品技术含量较高，产品附加值高，由于产品多样性强，产业内贸易发展空间大，但是产品的科技含量不高，在国际市场竞争力较弱。

（2）SITC6 的 G－L 指数为 0.425，产业内贸易水平较较低（G－L＜0.5），TC 为 0.42，产品具有竞争力（TC＞0）；本类产品为轻纺产品、橡胶制品和矿冶产品等按原材料划分的制成品，属于劳动密集型产品，基于中国自然资源、劳动力等要素禀赋具有比较优势，尤其是纺织产品属于中国传统的优势产品，具有较强的竞争力，就目前而言产业内贸易水平不高，纵向看该产业产业内贸易水平自 1992 年以来在 0.4～0.5 区间徘徊。

（3）SITC7 的 G－L 指数为 0.551，产业内贸易水平较高（G－L＞0.5），TC 为 0.207，产品竞争力较高（TC＞0）；本类产品为机械及运输设备，产业内贸易水平与竞争力指数自 1992 年以来都表现了明显的增长趋势，表明随着中国产业结构的调整与产品升级，该类产业获得了高速的发展，成为中国目前工业制成品中产业内贸易发展水平最高的产品，在国际市场竞争力同样表现不俗。

（4）SITC8 的 G－L 指数为 0.312，产业内贸易水平较低（G－L＜0.5），TC 为 0.558，产品竞争力较高（TC＞0）。此类产品为卫生、家具、仪器及钟表、服装、鞋等杂项制品，自 1992 年以来该产业产业内贸易水平无明显变化，一直保持在 0.3 左右，但在工业制成品 4 个产业中竞争力始终保持最高水平，2001 年以前一直保持在 0.7 左右，与 SITC6 一样同样属于劳动密集型产业，虽然该产业在国际市场上具有较强的竞争力，由于出口量大，档次不高，价格比较低，容易引起贸易合作方的反倾销。

综合本章的分析，自 1992 年以来，中国工业制成品产业内贸易尽管从整体上看表现出了增长的趋势，但增长水平并不高，贸易格局中产业内贸易与产业间贸易并存，而且整个工业制成品内部产业内贸易发展不平衡，技术或资本密集型产业的产业内贸易发展水平超过劳动密集型产业，但是这些产业内贸易发展水平相对较高的产业在国际市场上的竞争力并不高，SITC5 甚至表现为劣势，中国出口商品技术含量整体偏低是外贸竞争力总体水平较低的症结所在；而在国际市场上相对具有较高竞争力的劳动密集型产品（SITC6 和 SITC8），尽管仍然具有的比较优势，但是这种优势已现走弱的趋势，这类产业产业内贸易发展缓慢，甚至出现了下降的趋势。导致这种情况的原因主要有二：一是近年中国劳动生产率的增长速度已经放缓，而工资增长超过了低附加值产品的经济效益增长，导致生产成本上升；二是从国际分工看，亚、非、拉等诸多发展中国家普遍实行开放，这些经济体均以劳动密集型产品参与国际分工，从而使国际市场上该类产品的竞争日趋激烈。

20 世纪 70 年代以后，产业内贸易成为国际贸易的主导模式与发展方向，不仅发达国家间产业内贸易发展迅猛，发达国家与发展中国家的产业内贸易得到了迅速的发展。产业内贸易成为推动新型国际分工、促进新兴产业和发展主导产业的重要力量。发展产业内贸易无论是对于发达国家、发展中国家，都可以扩大其参与国际分工的深度以获取贸易利益。对于贸易的参加国来说，规模经济导致产品产量的增加而使产品的平均成本降低，从而在国际市场上增加了竞争能力，即使在资源禀赋无差异的国家之间也能凭生产规模大的优势形成竞争力。另外，根据产业内贸易的假设，同一个产业内各个企业的要素密集度都是相似的，在这些企业间进行资源再分配也相对容易，相对于产业间的贸易来说，产业内贸易调整成本相对较低，不一定要以牺牲某个特定的产业的发展作为代价。鉴于劳动密集型产业自身的不可持续性，如果继续依赖劳动力价格低的优势来扩大劳动密集型产品出口，势必会陷入比较优势陷阱。所以只有发展产业内贸易，尤其是大力发展资本和技术密集型产业的产业内贸易，以促进产业结构的优化，才能带动中国外贸竞争力总体水平的提升。

本章利用 1992～2012 年的面板数据，对中国工业制成品的产业内贸易指数、边际产业内贸易指数、中国与主要贸易伙伴国制成品产业内贸易指数、中国工业制成品的贸易竞争力指数进行测度，从产业与国别两个角度分别考查中国工业制成产业内贸易的发展状况，得出如下结论：

中国工业制成品贸易在 1992～2012 年二十年中获得了飞速的发展，工业化程度不断提高，制造业贸易格局发生变化；但中国制成品产业内发展整体水平还不高，产业内贸易与产业间贸易并存，技术或资本密集型产业的 G－L 指数呈现出明显的提高趋势，劳动密集型产业的 G－L 指数整体上出现了小幅的滑落，表明中国劳动密集型产业的优势在减弱；技术或资本密集型产业每年贸易的增量以产业内贸易为主，劳动密集型产业的贸易增加量以产业间贸易为主，制成品产业内贸易发展不平衡，产业内贸易发展的基础不牢。

中美制成品贸易仍是以按比较优势分工为基础的产业间贸易为主，中欧制成品贸易主要形式表现为产业内贸易，在欧盟内部各个国家与中国制成品产业内贸易的发展情况不平衡。中欧制成品产业内贸易水平高于中美，却低于与中国具有区位优势的日本、韩国等东亚国家。中俄两国工业制成品贸易以产业间贸易为主，产业内贸易处于发展的初级阶段，发展水平偏低，中欧、中俄开展产业内贸易的市场空间广阔。

产业内贸易发展水平相对较高的技术或资本密集型产业在国际市场上的竞争力并不高，出口商品技术含量整体偏低是外贸竞争力总体水平较低的症结所在；在国际市场上相对具有较高竞争力的劳动密集型产品尽管仍然具有的比较优势，但是这种优势已现走弱的趋势。

第四章 中国工业制成品产业内贸易基本类型判定

作为现代国际贸易的主要方式和发展趋势，产业内贸易是国际分工发展到一定阶段的产物，与一国的工业化程度与技术密集程度密切相关。一国工业化程度高，产品科技含量高，将有利于其产业内贸易的发展；反过来，产业内贸易的发展将促进该国产业结构调整与产业的升级。产品存在差异是引发产业内贸易的最重要原因。人们根据产品异质性将产业内贸易分为水平型产业内贸易与垂直型产业内贸易。两国产业内贸易的类型不同，不仅决定了它们在产业内贸易中获得的利益不同，更重要的是直接决定了它们在国际分工中所处的地位不同。20 世纪 90 年代后，对于水平型产业内贸易与垂直型产业内贸易的研究逐渐成为产业内贸易理论研究和经验分析的主要领域和前沿问题之一。本章利用中国 1992～2012 年的数据，根据 GHM 法和 Giuseppe Celi 细分方法，对中国工业制成品内 77 个产业的产业内贸易类型进行全面测度，从产业角度进一步考查中国工业制成品产业内贸易发展现状，以把握中国工业制成品产业内贸易发展的特征与规律。

第一节 产业内贸易类型的测度方法

本书第二章已经提到，学者们根据产品异质性将产业内贸易分为水平型产业内贸易（HIIT）与垂直型产业内贸易（VIIT），在此基础上又将垂直型产业内贸易进一步细分为上垂直产业内贸易

（UP – VIIT）与下垂直产业内贸易（DN – VIIT）。一国的产业内贸易指数等于该国水平型产业内贸易指数与垂直型产业内贸易指数之和，一国的垂直型产业内贸易指数等于该国上垂直产业内贸易指数与下垂直产业内贸易指数之和，即：

$$IIT_i = HIIT_i + VIIT_i = HIIT_i + VIITUP_i + VIITDN_i$$

其中，IIT_i 代表 i 产业的产业内贸易指数；HIT_i 代表 i 产业的水平产业内贸易指数；$VIIT_i$ 代表 i 产业的垂直产业内贸易指数；$VIITUP_i$ 代表 i 产业的上垂直产业内贸易指数；$VIITDN_i$ 代表 i 产业的下垂直产业内贸易指数。

对于产业内贸易类型的测度始于 Abd-el-Rahman。Abd-el-Rahman（1991）提出了用进出口商品价格比率来衡量产品质量高低的观点。

在此基础上，Greenaway、Hine 和 Milner（1995）提出了测算产业内贸易属于水平型产业贸易还是垂直型产业内贸易的 GHM 法。

Giuseppe Celi（1999）则在 GHM 法基础上，提出了把垂直产业内贸易进一步细化为上垂直产业内贸易与下垂直产业内贸易的方法。

一、GHM 法

产业内贸易指数可以在一定程度上反映出一国在国际分工体系中的地位，但是要准确界定一国在国际分工体系中地位的高低，需要对产业内贸易进行细分，即依据产品的异质性将产业内贸易细分为水平型产业内贸易（HIIT）和垂直型产业内贸易（VIIT）。

HIIT 的两国同时进口和出口同一产业的质量相同或相似，但基本属性（款式、大小、颜色等）不同的产品。从附加值和技术水平来看，这些产品在质量方面不存在的明显差异，主要差别在于产品的品牌、设计、质量、性能、售后服务等。HIIT 主要发生在发达国家之间，建立在规模经济和产品的多样化基础之上。

VIIT 的两国同时进口和出口同一产业的质量不同的产品。这些质量不同的产品在附加值和技术水平方面存在明显差异。在同一产业产品中既有高附加值产品、高功能产品、高级产品，也有低附加值产品、低功能产品、低级产品。在一个国家内，由于收入水平的差异，会出现对同一产业产品不同质量的需求；同时，即使收入相同的消费群体由于消费偏好的不同，也存在着对产品质量需求的差异。产品的差异化满足了消费者偏好的多样化。VIIT 主要发生在发达国家与发展中国家之间，体现了比较优势与资源要素禀赋。发达国家处于国际分工中的高端，一般生产并出口高附加值产品、高功能产品、高级产品，发展中国家处于国际生产链的低端，一般生产并出口低附加值产品、低功能产品和低级产品。

跨国公司企业内贸易推动了跨国公司生产链中的不同水平的国家和地区的垂直产业内贸易迅速增长。按照利润最大化原则，跨国公司将根据各个国家要素禀赋的差异在全球范围内安排生产活动，处于生产链条高端的国家和地区，则主要从事质量较高、附加值较大的最终产品生产以及研发工作；处于生产链条低端的国家和地区，主要生产质量较差、附加值较低的中间产品，这样最大限度地降低了生产成本。

Greenaway、Hine 和 Milner（1995）利用进出口商品的单位价值，对产业内贸易进行了细化：

当 $1 - \alpha \leqslant \dfrac{UV_p^x}{UV_p^m} \leqslant 1 + \alpha$ 时，属于 HIIT；

当 $\dfrac{UV_p^x}{UV_p^m} < 1 - \alpha$ 或 $\dfrac{UV_p^x}{UV_p^m} > 1 + \alpha$ 时，属于 VIIT。

上述式中，UV_p^x 是指某国出口产品 p 的单位价值，UV_p^m 是指某国进口产品 p 的单位价值，α 为系数，一般设为 $0.15 \sim 0.25$。William Davidson 等人研究发展中国家产业内贸易时使用的取值标准是 α 为 0.25。在本书的研究中，将 α 取值也确定为 0.25。因此：

当 $0.75 \leqslant \dfrac{UV_p^x}{UV_p^m} \leqslant 1.25$ 时，属于 HIIT；

当 $\dfrac{UV_p^x}{UV_p^m} < 0.75$ 或 $\dfrac{UV_p^x}{UV_p^m} > 1.25$ 时，属于 VIIT。

二、Giuseppe Celi 细分法

Giuseppe Celi（1999）认为，Greenaway 等（1995）的 GHM 法对于产业内贸易进行了细化，但对 VIIT 的界定却相对模糊，没有进一步表明该经济体是出口单位价值更高（出口品质量高），还是进口单位价值更高（进口品质量高），无法判断该国在 VIIT 所处的地位。为此，Giuseppe Celi 提出要对垂直产业内贸易进行进一步的细化：

即当 $\dfrac{UV_p^x}{UV_p^m} > 1 + \alpha$ 时，表明经济体出口产品质量高于进口产品质量，即该经济体位于垂直产业内分工的高端位置，垂直产业内贸易表现为上垂直产业内贸易（UP – VIIT）；

当 $\dfrac{UV_p^x}{UV_p^m} < 1 - \alpha$ 时，表明经济体出口质量低于进口质量，即该经济体处在垂直产业内分工的低端，垂直产业内贸易表现下垂直产业内贸易（DN – VIIT）。

在本书的研究中，继续将 α 取值为 0.25。因此，当 $\dfrac{UV_p^x}{UV_p^m} > 1.25$ 时，属于 UP – VIIT（简写为 $VIIT^U$）；

当 $\dfrac{UV_p^x}{UV_p^m} < 0.75$ 时，属于 DN – VIIT（简写为 $VIIT^D$）。

第二节 中国工业制成品产业内贸易类型测度分析

产品差异不同，产业内贸易的类型也不同。从实质上讲，一国产业内贸易的类型与其经济发展水平密切相关。从发达国家制造业

发展的轨迹看，从产业间贸易到垂直产业内贸易再到水平产业内贸易的过程是其产业内贸易发展的规律。中国工业制成品产业内贸易属于哪种类型？在垂直型产业贸易中，是以上垂直还是以下垂直为主？本书将选取中国 1992～2012 年的数据，依照 GHM 法和 Giuseppe Celi 细分法，对中国 SITC5～SITC8 共 77 个产业产业内贸易的类型进行全面测度，以比较 SITC5～SITC8 在贸易类型上的差异，从产业角度进一步考查中国工业制成品产业内贸易发展现状。

在对中国工业制成品产业内贸易类型进行判断时，本书将采用联合国的 SITC 三位数进行测度。SITC5～SITC8 的三位数全部产品见附录中表 2。按照 SITC 的三位数划分，SITC5～SITC8 共涉及 166 个产业。其中，SITC5 为 33 个，SITC6 为 52 个，SITC7 为 50 个，SITC8 为 31 个。

依据数据的可获得性，本书分别从 SITC5～SITC7 三个产业中各选取 20 个产业，从 SITC8 中选取 17 个产业，所选定的产业见表 4-1 至表 4-4；同时根据 UN Comtrade 统计数据 1992 年、1996 年、2000 年、2004 年、2008 年和 2012 年 6 个年份的数据，利用 GHM 法和 Giuseppe Celi 细分法，分别对上述选定产业产业内贸易类型进行测度，具体计算与判断过程详见表 4-5 至表 4-8，并在此基础上对比分析 SITC5～SITC8 四个产业产业内贸易类型构成情况，详见表 4-9 与图 4-1。

表 4-1   **SITC5 中 20 个选定产业**

产品目录	化学制品及相关产品（SITC5）
511	碳氢化合物及其卤化、磺化、硝化或亚硝化衍生物，不作说明
515	有机、无机化合物
523	金属、盐类和无机酸
524	其他无机化学物
531	合成有机色素和颜色等

续表

产品目录	化学制品及相关产品（SITC5）
533	颜料、油漆及相关材料等
551	精油、香水和味道材料
553	香料、化妆品等
554	肥皂、清洗剂和抛光剂等
562	化肥（除272组以外）
571	乙烯聚合物
572	苯乙烯聚合物
573	氯乙烯聚合物或其他卤化烯烃
574	胺、聚醚、环氧等树脂，聚碳酸酯
581	塑料管、硬管、软管
582	塑料板、片等
583	塑料单纤维丝
591	杀虫剂等
593	炸药及烟火制品
598	杂化工产品，不作说明

表4－2　　　　　　　　SITC6 中 20 个选定产业

产品目录	按原材料划分的制成品（SITC6）
611	皮革制品
621	橡胶材料
629	橡胶物品，不作说明
633	软木制品
635	木制品、不作说明
641	纸及纸板
642	纸、纸板、切纸等

续表

产品目录	按原材料划分的制成品（SITC6）
651	纺织纱线
655	针织或钩编织物，不作说明
656	薄纱、花边、缎带等
657	专用纱线、织物
661	石灰、水泥、建筑材料制造
663	矿物制品，不作说明
671	生铁、粉末、铁合金等
673	平轧制品铁等
674	平轧制品镀铁
682	铜
684	铝
691	金属构造物，不作说明
692	金属容器贮存或运输

表 4 - 3　　　　　SITC7 中 20 个选定产业

产品目录	机械与运输设备（SITC7）
711	蒸汽发电或其他蒸汽锅炉等
722	拖拉机
723	土木工程机械设备
725	造纸厂及纸浆厂机械
727	食品加工机械（不含国内）及其零件
731	机床金属或其他物质清除工作
733	机床使用工具，金属工作工具
742	液体泵、零部件
746	衣物配件、纺物
749	非电力机械零件及配件等
751	办公室机器

续表

产品目录	机械与运输设备（SITC7）
752	自动数据处理机器
761	电视接收器等
762	无线电广播接收器
773	设备分配电力，不作说明
781	汽车及其他车辆，公共汽车除外
782	车辆、货物运输专用汽车
783	马路机动车，不作说明
791	铁道车辆及相关设备
793	船、艇及浮动船

表 4 – 4　　　　　　　　　　**SITC8 中 17 个选定产业**

产品目录	杂项制品（SITC8）
811	预制建筑物
812	管道和取暖装修材料等
813	照明设备及配件，不作说明
821	家具、垫子等
842	女式大衣
843	男装或男童大衣，编织物
844	女式大衣、纺织物
845	其他纺织服装，不作说明
846	衣物配件、纺物
848	衣物、衣物配件、头罩
851	鞋类
873	仪表、计算器，不作说明
882	摄影、电影制品
891	武器弹药
892	印刷品
893	整形外科物品
894	婴儿车、玩具、游戏及游戏物品

表 4 - 5　　　　SITC5 中 20 个产业 UV_p^x/UV_p^m 及产业内贸易类型判断

产品目录	1992 年		1996 年		2000 年		2004 年		2008 年		2012 年	
	UV_p^x/UV_p^m	贸易类型	UV_p^x/UV_p^m	贸易类型	UV_p^x/UV_p^m	贸易类型	UV_p^x/UV_p^m	贸易类型	UV_p^x/UV_p^m	贸易类型	UV_p^x/UV_p^m	贸易类型
511	0.925495	HIIT	1.284495	VIIT^U	1.644226	VIIT^U	1.702024	VIIT^U	1.726608	VIIT^U	1.960418	VIIT^U
515	1.706337	VIIT^U	2.022626	VIIT^U	1.214464	HIIT	1.293276	VIIT^U	1.470564	VIIT^U	1.292568	VIIT^U
523	0.632195	VIIT^D	0.576831	VIIT^D	0.361498	VIIT^D	0.450635	VIIT^D	0.442970	VIIT^D	0.366980	VIIT^D
524	0.462290	VIIT^D	NA	NA	0.257135	VIIT^D	0.364610	VIIT^D	0.314933	VIIT^D	0.254053	VIIT^D
531	0.730493	VIIT^D	0.995184	HIIT	0.783088	HIIT	0.654706	VIIT^D	0.664282	VIIT^D	0.523383	VIIT^D
533	0.398490	VIIT^D	0.625863	VIIT^D	0.470870	VIIT^D	0.410323	VIIT^D	0.397861	VIIT^D	0.390500	VIIT^D
551	0.884128	HIIT	0.996454	HIIT	0.779931	HIIT	0.611174	VIIT^D	0.510930	VIIT^D	0.589549	VIIT^D
553	0.692142	VIIT^D	0.457640	VIIT^D	0.356279	VIIT^D	0.245989	VIIT^D	0.187002	VIIT^D	0.222110	VIIT^D
554	0.584426	VIIT^D	0.676953	VIIT^D	0.511348	VIIT^D	0.498247	VIIT^D	0.515792	VIIT^D	0.490337	VIIT^D
562	0.718431	VIIT^U	0.707908	VIIT^D	0.862410	HIIT	0.986398	HIIT	0.829531	HIIT	0.857116	HIIT
571	0.872225	HIIT	1.334124	VIIT^U	1.421994	VIIT^U	1.146158	HIIT	1.042226	HIIT	1.088907	HIIT
572	0.768331	HIIT	1.153616	HIIT	1.002131	HIIT	1.168946	HIIT	0.952469	HIIT	0.912019	HIIT

续表

产品目录	1992 年 UV^x_p / UV^m_p	贸易类型	1996 年 UV^x_p / UV^m_p	贸易类型	2000 年 UV^x_p / UV^m_p	贸易类型	2004 年 UV^x_p / UV^m_p	贸易类型	2008 年 UV^x_p / UV^m_p	贸易类型	2012 年 UV^x_p / UV^m_p	贸易类型
573	0. 881850	HIIT	1. 159788	HIIT	1. 495448	VIIT^U	1. 813039	VIIT^U	0. 965823	HIIT	1. 295184	VIIT^U
574	0. 807063	HIIT	1. 048445	HIIT	1. 429519	VIIT^U	0. 925553	HIIT	0. 677615	VIIT^D	0. 610937	VIIT^D
581	0. 476970	VIIT^U	0. 287862	VIIT^D	0. 341830	VIIT^D	0. 273144	VIIT^D	0. 235826	VIIT^D	0. 257615	VIIT^D
582	1. 289182	VIIT^U	1. 109027	HIIT	0. 868899	HIIT	0. 505148	VIIT^D	0. 363404	VIIT^D	0. 314003	VIIT^D
583	0. 695087	VIIT^D	0. 745327	VIIT^D	1. 266777	VIIT^U	0. 487682	VIIT^D	0. 370979	VIIT^D	0. 214300	VIIT^D
591	0. 524674	VIIT^D	0. 875920	VIIT^D	0. 613382	VIIT^D	0. 570206	VIIT^D	0. 623111	HIIT	0. 369996	VIIT^D
593	0. 076174	VIIT^D	0. 103957	VIIT^D	0. 669539	VIIT^D	1. 135142	HIIT	0. 676537	VIIT^D	0. 065303	VIIT^D
598	0. 287659	VIIT^D	0. 377416	VIIT^D	0. 333023	VIIT^D	0. 254818	VIIT^D	0, 265856	VIIT^D	0. 278662	VIIT^D

资料来源：笔者根据 UN Comtrade 统计数据计算整理得出。

表 4 - 6　　　　**SITC6 中 20 个产业 UV_p^x/UV_p^m 及产业内贸易类型判断**

产品目录	1992 年 UV_p^x/UV_p^m	1992 年 贸易类型	1996 年 UV_p^x/UV_p^m	1996 年 贸易类型	2000 年 UV_p^x/UV_p^m	2000 年 贸易类型	2004 年 UV_p^x/UV_p^m	2004 年 贸易类型	2008 年 UV_p^x/UV_p^m	2008 年 贸易类型	2012 年 UV_p^x/UV_p^m	2012 年 贸易类型
611	0.890053	HIIT	1.236105	HIIT	1.398745	VIIT^U	1.863109	VIIT^U	3.044823	VIIT^U	2.707873	VIIT^U
621	0.456028	VIIT^D	0.470632	VIIT^D	0.703778	VIIT^D	0.745183	VIIT^D	0.609518	VIIT^D	0.860320	HIIT
629	0.518519	VIIT^D	0.534010	VIIT^D	0.281539	VIIT^D	0.203849	VIIT^D	0.154954	VIIT^D	0.174154	VIIT^D
633	0.375964	VIIT^D	0.261769	VIIT^D	0.363817	VIIT^D	0.472396	VIIT^D	0.351599	VIIT^D	0.388683	VIIT^D
635	0.569065	VIIT^D	1.284033	HIIT	1.740986	HIIT	1.227360	VIIT^U	1.432482	VIIT^U	1.849714	VIIT^U
641	1.287593	VIIT^U	1.851232	VIIT^U	1.423264	VIIT^U	1.348542	VIIT^U	0.906271	HIIT	0.980207	HIIT
642	0.952934	HIIT	1.086641	HIIT	0.674629	VIIT^D	0.538312	VIIT^D	0.613592	VIIT^D	0.659721	VIIT^D
651	1.103864	HIIT	1.726798	VIIT^U	1.846273	VIIT^U	1.389587	VIIT^U	1.063293	HIIT	0.987144	HIIT
655	1.349735	VIIT^U	1.200488	HIIT	1.053639	HIIT	0.947280	HIIT	0.862930	HIIT	0.724293	VIIT^D
656	1.557474	VIIT^U	0.873533	HIIT	0.721526	VIIT^D	0.699181	VIIT^D	0.652094	VIIT^D	0.565697	VIIT^D
657	0.934027	HIIT	1.062753	HIIT	0.916196	HIIT	0.636445	VIIT^D	0.476759	VIIT^D	0.394559	VIIT^D
661	0.657217	VIIT^D	0.225353	VIIT^D	2.008973	VIIT^U	2.983467	VIIT^U	1.192944	HIIT	2.143188	VIIT^U

续表

产品目录	1992 年		1996 年		2000 年		2004 年		2008 年		2012 年	
	UV^x_p/UV^m_p	贸易类型	UV^x_p/UV^m_p	贸易类型	UV^x_p/UV^m_p	贸易类型	UV^x_p/UV^m_p	贸易类型	UV^x_p/UV^m_p	贸易类型	UV^x_p/UV^m_p	贸易类型
663	0.117042	VIIT^D	0.243663	VIIT^D	0.051741	VIIT^D	0.047216	VIIT^D	0.048130	VIIT^D	0.082966	VIIT^D
671	1.996407	VIIT^U	0.636296	VIIT^D	0.503940	VIIT^D	2.072357	VIIT^U	1.352734	VIIT^U	1.687352	VIIT^U
673	0.777638	HIIT	0.839710	HIIT	0.723270	VIIT^D	1.035226	HIIT	1.047570	HIIT	0.841734	HIIT
674	0.873668	HIIT	0.927579	HIIT	1.053091	HIIT	1.091003	HIIT	1.098436	HIIT	0.835136	HIIT
682	1.221480	HIIT	1.257071	VIIT^U	1.219913	HIIT	1.190564	HIIT	1.109703	HIIT	1.021121	HIIT
684	0.846943	HIIT	1.026894	HIIT	0.990905	HIIT	0.867014	HIIT	0.727104	VIIT^D	0.795927	HIIT
691	0.669679	VIIT^D	0.524209	VIIT^D	0.451447	VIIT^D	0.507531	VIIT^D	0.489757	VIIT^D	0.392781	VIIT^D
692	0.438045	VIIT^D	0.397665	VIIT^D	0.650183	VIIT^D	0.643948	VIIT^D	0.688487	VIIT^D	0.704360	VIIT^D

资料来源：笔者根据 UN Comtrade 统计数据计算整理得出。

表4－7　　　SITC7中20个产业 UV_p^x/UV_p^m 及产业内贸易类型判断

产品目录	1992年		1996年		2000年		2004年		2008年		2012年	
	UV_p^x/UV_p^m	贸易类型	UV_p^x/UV_p^m	贸易类型	UV_p^x/UV_p^m	贸易类型	UV_p^x/UV_p^m	贸易类型	UV_p^x/UV_p^m	贸易类型	UV_p^x/UV_p^m	贸易类型
711	NA	NA	0.100169	VIIT^D	0.324941	VIIT^D	0.328129	VIIT^D	0.245670	VIIT^D	0.207068	VIIT^D
722	0.122148	VIIT^D	0.027355	VIIT^D	0.025950	VIIT^D	0.033272	VIIT^D	0.032728	VIIT^D	0..082213	VIIT^D
723	0.195155	VIIT^D	0.037852	VIIT^D	NA	NA	0.505049	VIIT^D	0.694360	VIIT^D	NA	NA
725	0.471419	VIIT^D	0.035786	VIIT^D	0.536555	VIIT^D	0.638027	VIIT^D	0.514097	VIIT^D	NA	NA
727	0.004196	VIIT^D	0.023025	VIIT^D	0.267211	VIIT^D	0.333527	VIIT^D	0.412768	VIIT^D	NA	NA
731	0.013451	VIIT^D	0.055169	VIIT^D	0.002876	VIIT^D	0.001411	VIIT^D	0.002804	VIIT^D	0.002218	VIIT^D
733	0.121887	VIIT^D	0.128435	VIIT^D	0.072337	VIIT^D	0.016237	VIIT^D	0.023943	VIIT^D	0.015204	VIIT^D
742	0.130025	VIIT^D	0.066408	VIIT^D	0.289509	VIIT^D	0.339227	VIIT^D	0.478340	VIIT^D	NA	NA
746	0.986187	HIIT	0.722025	VIIT^D	0.574171	VIIT^D	0.512995	VIIT^D	0.533458	VIIT^D	NA	NA
749	0.020509	VIIT^D	0.177262	VIIT^D	0.349956	VIIT^D	0.287257	VIIT^D	0.178643	VIIT^D	0.233702	VIIT^D
751	0.064018	VIIT^D	0.304292	VIIT^D	0.055207	VIIT^D	0.262489	VIIT^D	0.356324	VIIT^D	0.146757	VIIT^D
752	0.168109	VIIT^D	0.295837	VIIT^D	0.328243	VIIT^D	0.871803	HIIT	1.996200	VIIT^U	1.969111	VIIT^U

续表

产品目录	1992 年 UV^x_p/UV^m_p	1992 年 贸易类型	1996 年 UV^x_p/UV^m_p	1996 年 贸易类型	2000 年 UV^x_p/UV^m_p	2000 年 贸易类型	2004 年 UV^x_p/UV^m_p	2004 年 贸易类型	2008 年 UV^x_p/UV^m_p	2008 年 贸易类型	2012 年 UV^x_p/UV^m_p	2012 年 贸易类型
761	0.297984	VIIT^D	0.131808	VIIT^D	0.106090	VIIT^D	0.456647	VIIT^D	0.934420	HIIT	1.194346	HIIT
762	1.427856	VIIT^U	0.282687	VIIT^D	0.248045	VIIT^D	0.166117	VIIT^D	1.403153	VIIT^U	0.138556	VIIT^D
773	0.947420	HIIT	0.739145	VIIT^D	0.654328	VIIT^D	0.468362	VIIT^D	0.470643	VIIT^D	0.402448	VIIT^D
781	1.043918	HIIT	2.026108	VIIT^U	0.259801	VIIT^D	0.033313	VIIT^U	0.076646	VIIT^D	0.104675	VIIT^D
782	0.952077	HIIT	0.271422	VIIT^D	1.205762	HIIT	0.091873	VIIT^D	0.174427	VIIT^D	0.182870	VIIT^D
783	1.089661	HIIT	0.683651	VIIT^D	1.212294	HIIT	0.518085	VIIT^D	0.665123	VIIT^D	0.546886	VIIT^D
791	0.344938	VIIT^D	0.205677	VIIT^D	NA	NA	NA	NA	NA	NA	NA	NA
793	0.080654	VIIT^D	0.069828	VIIT^D	0.236955	VIIT^D	0.079150	VIIT^D	0.070065	VIIT^D	0.115443	VIIT^D

资料来源：笔者根据 UN Comtrade 统计数据计算整理得出。

表 4-8　　　　SITC8 中 17 个产业 UV_p^x/UV_p^m 及产业内贸易类型判断

产品目录	1992 年 UV_p^x/UV_p^m	贸易类型	1996 年 UV_p^x/UV_p^m	贸易类型	2000 年 UV_p^x/UV_p^m	贸易类型	2004 年 UV_p^x/UV_p^m	贸易类型	2008 年 UV_p^x/UV_p^m	贸易类型	2012 年 UV_p^x/UV_p^m	贸易类型
811	1.190979	HIIT	0.838823	HIIT	0.938487	HIIT	0.468039	VIIT^D	0.296666	VIIT^D	0.238277	VIIT^D
812	0.690229	VIIT^D	0.025639	VIIT^D	0.505245	VIIT^D	0.705321	VIIT^D	0.648727	VIIT^D	NA	NA
813	NA	NA	0.633020	VIIT^D	0.533224	VIIT^D	0.324992	VIIT^D	NA	NA	NA	NA
821	0.266084	VIIT^D	5.609821	VIIT^U	NA	NA	NA	NA	NA	NA	0.625361	VIIT^D
842	2.770706	HIIT	3.576052	VIIT^U	NA	NA	1.078993	HIIT	NA	NA	0.412503	VIIT^D
843	0.676978	VIIT^D	0.582585	VIIT^D	1.697205	VIIT^U	0.819778	HIIT	0.546931	VIIT^D	0.376776	VIIT^D
844	0.751991	HIIT	3.531686	VIIT^U	1.926356	VIIT^U	2.026358	VIIT^U	1.075055	HIIT	0.307147	VIIT^D
845	1.495200	VIIT^U	1.640472	VIIT^U	1.223232	HIIT	0.834154	HIIT	NA	NA	0.479808	VIIT^D
846	0.035687	VIIT^D	0.034662	VIIT^D	1.366468	VIIT^U	1.577270	VIIT^U	1.772464	VIIT^U	0.234051	VIIT^D
848	0.452734	VIIT^D	0.145392	VIIT^D	1.917972	VIIT^U	1.337928	VIIT^U	1.302143	VIIT^U	0.389423	VIIT^D
851	1.166783	HIIT	0.781305	HIIT	NA	NA	1.555695	VIIT^U	0.606578	VIIT^D	0.291697	VIIT^D
873	0.091526	VIIT^D	0.098712	VIIT^D	0.376257	VIIT^D	0.349721	VIIT^D	0.426422	VIIT^D	NA	NA

续表

产品目录	1992 年 UV^x_p/UV^m_p	1992 年 贸易类型	1996 年 UV^x_p/UV^m_p	1996 年 贸易类型	2000 年 UV^x_p/UV^m_p	2000 年 贸易类型	2004 年 UV^x_p/UV^m_p	2004 年 贸易类型	2008 年 UV^x_p/UV^m_p	2008 年 贸易类型	2012 年 UV^x_p/UV^m_p	2012 年 贸易类型
882	NA	NA	2.198124	$VIIT^U$	1.870963	$VIIT^U$	1.712615	$VIIT^U$	0.751716	HIIT	0.372149	$VIIT^D$
891	0.016860	$VIIT^D$	0.023575	$VIIT^D$	0.262790	$VIIT^D$	0.896632	HIIT	1.048306	HIIT	NA	NA
892	2.060465	$VIIT^U$	0.709628	$VIIT^U$	0.522137	$VIIT^D$	0.348672	$VIIT^D$	0.268127	$VIIT^D$	0.184110	$VIIT^D$
893	0.821774	HIIT	0.641791	$VIIT^D$	0.381767	$VIIT^D$	0.283751	$VIIT^D$	0.281483	$VIIT^D$	0.378976	$VIIT^D$
894	1.254410	$VIIT^U$	0.710708	$VIIT^D$	0.585313	$VIIT^D$	0.572666	$VIIT^U$	NA	NA	NA	NA

资料来源：笔者根据 UN Comtrade 统计数据计算整理得出。

表4-9　　　　　6个年份中 SITC5～SITC8 所选定产业
产业内贸易类型构成

单位:%

占比	SITC5	SITC6	SITC7	SITC8
水平型平均占比	25.2	34.1	9.2	18.6
下垂直型平均占比	58.8	44.2	85.3	58.1
上垂直型平均占比	16.0	21.7	5.5	23.3

注:选定的6个年份分别为:1992年、1996年、2000年、2004年、2008年和2012年;选定产业中,SITC5～SITC7 各为20个,SITC8 为17个。

资料来源:根据表4-5、表4-6、表4-7、表4-8判断结果整理得出。

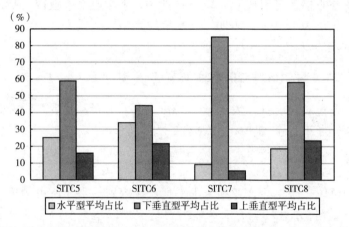

图4-1　6个年份中 SITC5～SITC8 所选定产业产业内贸易类型构成

一、SITC5 中 20 个产业贸易类型判定

通过对表4-5、表4-9与图4-1的分析,发现在所选定的 SITC5 的 20 个产业中,呈现水平型产业内贸易的产业数量,以 1992 年、1996 年、2000 年最多,都为 6 个,2004 年为 5 个,2008 年为 4 个,2009 年减为 3 个,平均每年为 5 个。从整体情况看,在 SITC5 的 20 个产业中,水平型产业内贸易平均所占的比例为 25.2%。表明

SITC5 产业内贸易类型以垂直型产业内贸易为主。进一步分析发现 6 个年份中呈现水平型产业内贸易的产业，572（苯乙烯聚合物）在 1992～2012 年 6 个年份中，始终表现为水平型产业内贸易，562（化肥）、571（乙烯聚合物）在 4 个年份中表现为水平型产业内贸易，表明这 3 个产业在国际分工中处于较有利的位置。

用 Giuseppe Celi 细分法衡量，发现所选定的 SITC5 的 20 个产业中，呈现上垂直型产业内贸易的产业数量，1992～2012 年，以 2000 年的数量最高，为 5 个，1992 年、1996 年、2004 年、2012 年每年为 3 个，2008 年只有 2 个，平均每年为 3.17 个。从整体情况看，在本书选定 SITC5 的 20 个产业中，上垂直型产业内贸易平均所占比例为 16.0%，表明 SITC5 贸易类型以下垂直型为主，在本书选定的 20 个产业中，下垂直型平均所占比例为 58.8%。

二、SITC6 中 20 个产业贸易类型判定

通过对表 4-6、表 4-9 与图 4-1 的分析，发现在所选定的 SITC6 的 20 个产业中，呈现水平型产业内贸易的产业数量，在 1996 年最多，为 9 个，1992 年为 8 个，2008 年和 2012 年均为 7 个，2000 年和 2004 年均为 5 个，平均每年为 6.8 个。从整体情况看，SITC6 的 20 个产业中，水平型产业内贸易平均所占的比例为 34.1% 左右，表明 SITC6 产业内贸易类型以垂直型产业内贸易为主。进一步分析发现 6 个年份中呈现水平型产业内贸易并保持较为稳定的产业，674（平轧制品镀铁）在 1992～2012 年间 6 个年份中，始终表现为水平型产业内贸易，673（平轧制品铁等）、682（铜）在 5 个年份表现为水平型产业内贸易，655（针织或钩编织物）在 4 个年份表现为水平型产业内贸易，表明这 4 种产品在国际分工中处于较有利的位置。

用 Giuseppe Celi 细分法衡量，发现所选定的 SITC6 的 20 个产业中，呈现上垂直型产业内贸易的产业数量，以 2004 年的数量最多，为 7 个，其他 5 个年份在 3～5 个之间，平均每年为 4.3 个。

从整体情况看，在本书选定 SITC6 的 20 个产业中，上垂直型产业内贸易平均所占比例为 21.7%，表明 SITC6 产业内贸易类型以下垂直型为主，在本书选定的 20 个产业中，下垂直型平均所占比例为 44.2%。

三、SITC7 中 20 个产业贸易类型判定

通过对表 4 - 7、表 4 - 9 与图 4 - 1 的分析，发现在所选定的 SITC7 的 20 个产业中，呈现水平型产业内贸易的产业数量，以 1992 年最多，为 5 个，2000 年为 2 个，2004 年、2008 年和 2012 年每年为 1 个，1996 年甚至没有 1 个产品表现为水平型产业内贸易，平均每年 1.67 个。从整体情况看，SITC7 的 20 个产业中，水平型产业内贸易平均所占的比例为 9.2%，低于同为技术或资本密集型的 SITC5，表明 SITC7 产业内贸易类型以垂直型产业内贸易为主。进一步分析发现 6 个年份中呈现水平型产业内贸易并保持较为稳定的产业，只有 761（电视接收器）、782（车辆、货物运输专用汽车）、783（马路机动车）三个产业在 1992～2012 年间 6 个年份中，有 2 个年份表现为水平型产业内贸易，表明 SITC7 水平产业内贸易发展水平较低，且表现不稳定。

用 Giuseppe Celi 细分法衡量，发现所选定的 SITC7 的 20 个产业中，呈现上垂直型产业内贸易的产业数量，在 6 个年份中，一直表现极低，2008 年数量最多时仅为 2 个，2000 年甚至 1 个也没有，其他 4 个年份的数量仅为 1 个，平均每年为 1 个。从整体情况看，在本书选定 SITC7 的 20 个产业中，上垂直型产业内贸易平均所占比例为 5.5%，表明 SITC7 的产业内贸易类型以下垂直型为主，在本书选定的 20 个产业中，下垂直型平均所占比例在 85.3%，高于同为技术或资本密集型的 SITC5。

四、SITC8 中 17 个产业贸易类型判定

通过对表 4 - 8、表 4 - 9 与图 4 - 1 的分析，发现在所选定的

SITC8 的 17 个产业中，呈现水平型产业内贸易的产业数量，以 1992 年最多，为 5 个，其余 5 个年份均未超过 5 个，平均每年为 2.7 个。从整体情况看，SITC8 的 17 个产业中，水平型产业内贸易平均所占的比例为 18.6%，低于同为劳动密集型的 SITC6，表明 SITC8 产业内贸易类型以垂直型产业内贸易为主。进一步分析发现 6 个年份中呈现水平型产业内贸易并保持较为稳定的产业，811（预制建筑物）有 3 个年份表现为水平型产业内贸易，842（女式大衣）、844（女士大衣、纺织物）、845（其他纺织服装）、851（鞋类）、891（武器弹药）在 2 个年份表现为水平型产业内贸易，表明这 4 种产品间或在国际分工中处于较有利的位置，但表现不稳定。

用 Giuseppe Celi 细分法衡量，发现所选定 SICT8 的 17 个产业中，呈现上垂直型产业内贸易的产业数量，在 6 个年份中，1996 年、2000 年和 2004 年 3 个年份的数量均为 5 个，其他 3 个年份在 3 个以下，平均每年为 3.3 个。从整体情况看，在本书选定 SITC8 的 17 个产业中，上垂直型产业内贸易平均所占比例为 23.3%，表明 SITC8 产业的产业内贸易类型以下垂直型为主，在本书选定的 17 种产品中，下垂直型平均所占比例为 58.1%，远高于同为劳动密集型的 SITC6。

五、SITC（759）与 SITC（793）产业内贸易类型判定

本书以下再选取 SITC（759）、SITC（793）两个产业 1992 ~ 2012 年出口单价与进口单价，选取的数据具有连续性且年度跨度较大，通过对上述两个产业的产业内贸易类型进行判断，进一步印证中国工业制成品在国际分工体系中的地位。

SITC（759）为适合使用于办公室机器的零配件。通过对表 4 - 10 的分析，可以看出，SITC（759）的产业内贸易类型，仅在 1994 年表现为水平型，1995 年以后一直表现为垂直型，而且为下垂直型。分析一下原因不难发现，1994 年，该产业产品的出口单

价与进口单价基本相同，1995 年以后虽然 SITC（759）出口单价整体表现了一定幅度的提高，但是远不及进口单价提高的幅度，表明该产业的发展速度不及国外同一产业的发展，产业技术水平与国外的差距扩大了。因此，其在国际贸易中处于劣势地位。

表 4 – 10　　　1992～2012 年 SITC（759）产品进出口单价

年份	UV_p^x	UV_p^m	UV_p^x/UV_p^m
1992	NA	NA	NA
1993	NA	NA	NA
1994	16. 51295	16. 52002	0. 999572
1995	14. 66474	23. 90099	0. 613562
1996	9. 964120	28. 04526	0. 355287
1997	8. 081813	29. 98139	0. 269561
1998	7. 645072	39. 48464	0. 193621
1999	8. 178598	30. 23586	0. 270493
2000	10. 72367	39. 70093	0. 270111
2001	10. 88837	40. 26079	0. 270446
2002	13. 88908	46. 08768	0. 301362
2003	15. 45250	51. 00505	0. 302960
2004	17. 51528	52. 66801	0. 332560
2005	19. 60012	56. 26728	0. 348340
2006	21. 81539	61. 90908	0. 352378
2007	22. 42592	62. 34960	0. 359680
2008	23. 52363	59. 00172	0. 398694
2009	24. 40102	62. 54241	0. 390152
2010	27. 18317	72. 02921	0. 377391
2011	27. 07226	66. 72742	0. 405714
2012	30. 03613	72. 53184	0. 414110

资料来源：笔者根据 UN Comtrade 统计数据计算整理得出。

SITC（793）为船艇及浮动船，属于高资本密集型产业。通过对表 4 – 11 的分析，可以看出，在 1992 年、1994 年、1996 年、2001 年、2002 年、2003 年、2004 年及 2008 ~ 2012 年 12 个年份中，该产业产品的出口单价几乎不及进口单价的 1/10。该产业产业内贸易类型自 1992 年以来一直表现为下垂直型。1993 年以后，该产业产品的出口单价整体上升趋势明显，表明该产业技术水平有所提高，但是与发达国家的差距依然不减。因此，1992 ~ 2012 年，该产业的产业内贸易类型没有任何实质性的变化，在国际分工体系中一直处于低端。

表 4 – 11　　　1992 ~ 2012 年 SITC（793）产品进出口单价

年份	UV_p^x	UV_p^m	UV_p^x/UV_p^m
1992	2401. 999	29781. 68	0. 080654
1993	3921. 363	39161. 85	0. 100132
1994	8537. 538	301290. 2	0. 028337
1995	73491. 89	497454. 4	0. 147736
1996	13587. 51	194584. 3	0. 069828
1997	23151. 16	178816. 1	0. 129469
1998	25335. 75	40443. 53	0. 626448
1999	12113. 77	100968. 2	0. 119976
2000	16203. 41	68381. 67	0. 236955
2001	15322. 12	153357. 7	0. 099911
2002	2853. 316	150578. 7	0. 018949
2003	23981. 88	412018. 0	0. 058206
2004	22564. 30	285082. 9	0. 079150
2005	22233. 70	126217. 4	0. 176154
2006	23988. 59	29445. 56	0. 814676
2007	NA	124723. 0	NA

年份	UV_p^x	UV_p^m	UV_p^x/UV_p^m
2008	6739.513	96188.99	0.070065
2009	11638.60	313733.5	0.037097
2010	15879.25	174884.9	0.090798
2011	13063.37	136691.4	0.095568
2012	9331.634	80833.45	0.115443

资料来源：笔者根据 UN Comtrade 统计数据计算整理得出。

通过对中国工业制成品产业内贸易类型判断分析，本书得出结论：1992～2012 年，在中国工业制成品贸易中，水平型产业内贸易所占的比重相对较低，不及产业内贸易的 1/3，垂直型产业内贸易所占的比重则占产业内贸易的 2/3 之多。在垂直产业内贸易中，上垂直型产业内贸易所占比例微乎其微，表明工业制成品产业内贸易基本上是通过下垂直产业内贸易的方式实现的。再进一步比较技术或资本密集型产业与劳动密集型产业的差异，发现劳动密集型产业（SITC6 和 SITC8）的水平型产业内贸易的发展水平高于技术或资本密集型的产业（SITC5 和 SITC7），劳动密集型产业（SITC6 和 SITC8）的上垂直型产业内贸易发展水平同样高于技术或资本密集型的产业（SITC5 和 SITC7）。这充分表明中国工业制成品主要是通过参与国际垂直产业分工来开展产业内贸易，即主要依靠丰富的劳动力资源和生产成本低廉的优势参与国际分工。中国在与发达国家制造业产业分工中始终处于被动地位，从发达国家主要进口技术较为先进的制成品，而向发达国家主要出口技术较落后的制成品，在整个国际生产体系中处于低端，在国际贸易中的收益不大，难逃世界加工厂的角色。与发达国家相比，中国制成品的产品结构较低，这种差距主要是由技术水平差异决定的。

全球范围内的国际化分工对中国工业制成品的贸易、对中国的经济增长所起的作用不容否认。但是如果继续依靠资源高消耗和廉价劳动力来生产和提供低技术含量、低附加值的制成品，中国不可能转变发展方式，实现科学发展。产业内贸易的演进规律是从下垂直型产业内贸易到上垂直型产业内贸易，从垂直型产业内贸易到水平型产业内贸易。因此，提高工业制成品的技术含量，从下垂直型产业内贸易向上垂直型产业内贸易发展，并逐步发展水平型产业内贸易是中国工业制成品产业内贸易的发展方向。

本章首先阐述了关于产业内贸易基本类型的测度方法。学者们根据产品异质性可将将产业内贸易分为水平型产业内贸易与垂直型产业内贸易，垂直型产业内贸易又可进一步细分为上垂直型产业内贸易与下垂直型产业内贸易，两者的区别在于上垂直型产业内贸易表明经济体出口产品质量高于进口产品质量，即该经济体处于垂直产业内分工的高端位置，下垂直产业内贸易则表明经济体出口质量低于进口质量，即该经济体处在垂直产业内分工的低端。

本章依据数据的可获得性，分别从 SITC5 ~ SITC7 这 3 个产业中各选取 20 个产业，从 SITC8 中选取 17 个产业，同时采用 1992 年、1996 年、2000 年、2004 年、2008 年和 2012 年这 6 个年份的数据，利用 GHM 法和 Giuseppe Celi 细分法，分别对上述选定产业产业内贸易类型进行判断分析；同时选取 SITC（759）、SITC（793）两个产业 1992 ~ 2012 年的出口单价与进口单价，对上述 2 个产业的贸易类型进行判断分析，并得出如下结论：中国工业制成品产业贸易中，水平型产业内贸易所占的比重相对较低，而垂直型产业内贸易所占的比重达到产业内贸易的 2/3 以上。同时在垂直产业内贸易中，上垂直型产业内贸易所占比例微乎其微，表明工业制成品产业内贸易基本上是通过下垂直产业内贸易的方式实现的。表现在 SITC5 ~ SITC8 的产业上，就是劳动密集型产业（SITC6 和 SITC8）的水平型产业内贸易发展水平高于技术或资本密集型的产业（SITC5 和 SITC7），同时劳动密集型产业（SITC6 和 SITC8）的上垂直型产业内贸易发展水平也高于技术或资本密集型的产业

（SITC5 和 SITC7）。这充分表明中国工业制成品主要是通过参与国际垂直产业分工来开展产业内贸易，即主要依靠丰富的劳动力资源和生产成本低廉的优势参与国际分工，在整个国际生产体系中处于低端，这种差距主要是由技术水平差异决定的。

第五章 中国工业制成品产业内贸易 对经济增长的实证分析

    对外贸易与经济发展两者间的关系，表现为互相联系的两个方面，即对外贸易对经济发展的作用，经济发展对于对外贸易的影响。关于对外贸易与经济发展关系的研究，从 Adam Smith (1776)、David Ricardo (1817) 到马克思，从 Keynes J. M. 到 R. Nurkse 等都研究了对外贸易对于经济发展的作用。D. H. Robertson (1937) 更是提出了对外贸易是"经济增长的发动机"的学说；Harrod 与 Kojima 则研究了经济增长对于国际贸易的影响。作为国际经济与国际分工发展到一定阶段的产物，产业内贸易获得迅速发展，反过来产业内贸易又对国际分工和产业发展产生了深刻的影响，甚至成为各国对外贸易的发展方向。在中国经济高速发展的过程中，中国制造业发展取得了巨大的成就，成为国民经济的主导。1992 年以来，工业制成品贸易额始终保持在中国对外贸易总额的80% 以上，工业制成品产业内贸易整体水平稳中有升。中国工业制成品产业内贸易与经济增长的关系如何？两者是否具有因果关系？这是本章力图解决的问题。

第一节 对外贸易与经济增长关系的理论分析

一、马克思列宁关于对外贸易与经济发展相互关系的论断

    对外贸易属于历史范畴，是社会生产力发展到一定阶段的产

物。对外贸易的产生与发展是建立在经济发展的基础上的，对外贸易反过来又对促进了经济的发展。按照马克思的观点，对外贸易与经济发展的关系，就是交换与生产的关系。马克思说：交换的深度、广度和方式都是由生产的发展结构决定的……可见，交换就其他一切因素来说，或者是直接包含在生产之中，或者是由生产决定；生产归根到底是决定性的东西，但是，产品贸易一旦离开生产本身而独立起来，它会循着本身的运动方向进行。马克思认为，对外贸易与资本主义的经济发展是相互影响相互制约的，对外贸易的扩大，虽然在资本主义生产方式的幼年时期是这种生产方式的基础，但在资本主义生产方式的发展中，由于这种生产方式的内在必然性，由于这种生产方式要求不断扩大市场，它成为这种生产方式本身的产物。

列宁同样认识到了对外贸易在资本主义经济发展中的作用，他认为没有对外贸易在资本主义国家是不能设想的，而且同样没有这样的国家。

二、西方经济学家关于对外贸易与经济发展相互关系的理论

（一）关于对外贸易在经济发展中作用的论断

按照经济学家库兹涅茨（Kuznets）的观点，经济增长是为人们提供各种经济物品的能力的长期增长，这一能力的不断增长是由于技术进步及体制和观念的相应调整。衡量一国经济增长的指标一般采用国民生产总值（GNP）或国内生产总值（GDP）。国际贸易对于经济增长的直接利益是通过贸易使一国消费者的消费种类、消费质量增加了，增进了该国消费者的福利，这是国际贸易对于经济增长的静态效应。国际贸易对于经济增长的间接利益是通过带来资本积累的增加、规模经济与利益以及通过技术进步、产业结构调整及制度创新等促进经济的增长，这是国际贸易对于经济增长的动态效应。Adam Smith 与 David Ricardo 从贸易对经济增长的静态利益

角度研究贸易与经济增长的关系，John Muller、D. H. Robertson 与 R. Nurkes 以及后来的学者则基于贸易对经济增长的动态利益角度研究贸易与经济增长的关系。

古典国际贸易理论的代表人物 Adam Smith 与 David Ricardo 的绝对优势论与比较优势论均包含了国际贸易带动经济增长的思想。Adam Smith（1776）认为，分工的发展是促进生产率长期增长的主要因素，而分工的程度则受市场范围的强烈制约。对外贸易是市场范围扩大的显著标志，引入对外贸易的扩大必然能够促进分工的深化和生产率的提高，加速经济增长。David Ricardo（1817）认为，经济增长的基本动力是资本积累，通过进口低价初级产品，阻止土地收益递减，工资上涨和利润率下降的倾向，就可保证资本积累和经济增长。古典国际贸易理论认为，对外贸易的发生是基于两国在成本上的差异。贸易促进了分工，各国资源发生重新配置，分工与专业化提高了效率，通过贸易，每个国家都能得到比自己直接生产的数量更多的产量，促进了经济增长，这种利益就是贸易的静态利益。

John Muller（1848）系统论述了贸易的发展利益。他认为国际贸易具有两种利益，即直接利益与间接利益。直接利益体现在两个方面，一是通过国际分工，使生产资源向效率较高的部门转移，提高了产量和实际收入；二是通过贸易可以得到本国不能生产的原材料和机器设备等该国经济活动持续进行所必需的物质材料。间接利益表现在，通过贸易分工推动国内生产过程的创新和改良，提高劳动生产率，通过产品进口造成新的需求，刺激和引导新产业的成长；通过开展对外贸易引进进口竞争，刺激储蓄的增加，加速资本积累，等等。John Muller 关于贸易对经济发展的贡献的论述对后来学者产生了重要的影响。

Keynes J. M.（1936）从理论上论证了贸易差额对一国就业和国民收入的作用，但没有说明如何衡量这种作用的大小。Marchlup 和 Harrod 等人把 Keynes J. M. 的投资乘数理论运用到对外贸易上，提出了对外贸易乘数论，其基本主张是对外贸易通过调节国际收支，对国民收入和就业产生影响，贸易顺差能增加就业量，提高国民收入，就业与国民收入增加量为贸易顺差的若干倍，贸易逆差则相反。

20世纪30年代，D. H. Robertson提出了对外贸易是"经济增长的发动机"的学说。20世纪50年代，R. Nurkse对19世纪英国、美国、加拿大、澳大利亚、新西兰、阿根廷及南非等新移民国家经济发展的原因进行分析，进一步补充和发展了这一学说，他们认为19世纪国际贸易的发展是许多国家经济增长的原因。他认为，19世纪的贸易不仅是简单地把一定数量的资源加以最适当的配置的手段，它实际上是通过对外贸易，把中心国家的经济增长传递到其他国家。即中心国家经济迅速增长，引发了对发展中国家初级产品的大量需求，从而促进发展中国家的经济增长，因而，对外贸易是经济增长的发动机。

（二）关于经济增长对国际贸易影响的论断

关于经济增长对国际贸易影响，Harrod提出了三个命题：如果Ⅰ国的经济增长率大于Ⅱ国，Ⅰ国就会有入超倾向；如果Ⅰ国的比较优势产业（即出口产业）中人均劳动生产率超过该国国民收入的增长率，Ⅰ国就会具有出超倾向；如果Ⅰ国的工资增长率小于人均劳动生产率，Ⅰ国就会具有出超倾向。Harrod在假定贸易条件不发生变化时，考查了经济增长对于贸易的影响，所提出的命题尽管不完善，却是具有意义的。

第二节　中国工业制成品产业内贸易与 GDP 的实证分析

西方学者在进行实证研究时一般使用计量经济学分析方法，按照4个步骤进行，即提出假说、选取变量、建立模型、得出结论。

为了考查中国工业制成品产业内贸易对经济增长的效应，本书利用第三章计算得出的 1992～2012 年的 G－L 指数与国内生产总值（即 GDP 指数），建立回归模型来考查工业制成品产业内贸易指数与中国经济增长是否存在长期的稳定关系，并在此基础上利用 Granger 因果关系法进行检验。

一、模型建立

根据对外贸易与经济增长关系理论，本书假设工业制成品产业内贸易与经济增长为相关关系，以 GDP 指数作为经济增长的指标，选取 GDP 指数、SITC5～SITC8 的 G－L 指数作为变量，建立基本计量模型，检验中国工业制成品各产业（SITC5～SITC8）的 G－L 指数与中国经济增长的关系，基本函数表达式为：

$$GDP_t = \alpha_0 + \alpha_1 G－L5_t + \alpha_2 G－L6_t + \alpha_3 G－L7_t + \alpha_4 G－L8_t + \xi_t$$

其中，GDP_t 表示 t 期国民生产总值；α_0 为常数项；$G－L5_t$ 表示 t 期 SITC5 产业内贸易指数；$G－L6_t$ 表示 t 期 SITC6 产业内贸易指数；$G－L7_t$ 表示 t 期 SITC7 产业内贸易指数；$G－L8_t$ 表示 t 期 SITC8 产业内贸易指数；ξ_t 为随机误差项。

在使用 Eviews7.2 进行回归分析前，为了消除异方差，体现时间序列本身的规律，对各数列分别取对数，经处理后的函数表达式为：

$$Log(GDP_t) = \beta_0 + \beta_1 \log(G－L5_t) + \beta_2 \log(G－L6_t) + \beta_3 \log(G－L7_t) + \beta_4 \log(G－L8_t) + \varepsilon_t$$

二、数据来源

本部分实证分析采用时间序列数据，样本期为 1992～2012 年，基年定为 1992 年，检验结果强调的是产业内贸易发展与解释变量之间的长期关系。

实证分析所采用的数据中，G－L 指数为中国工业制成品

1992～2012 年产业内贸易指数，已在本书第三章计算得出，GDP
指数根据《中国统计年鉴》计算整理得出。

在衡量中国 GDP 指数的增长过程中，本书选定 1992 年 GDP
为100，并据此对其他统计期数的数据进行调整，中国 GDP 指数和
工业制成品 SITC5～SITC8 的 G－L 指数见表 5－1。

表 5－1　　中国国内生产总值和工业制成品产业内贸易指数

年份	GDP	$G-L_5$	$G-L_6$	$G-L_7$	$G-L_8$
1992	100.0000	0.422500	0.467000	0.430000	0.372000
1993	131.2381	0.443600	0.460000	0.425000	0.376000
1994	179.0180	0.462200	0.474000	0.407000	0.333000
1995	225.8016	0.452900	0.513000	0.430000	0.362000
1996	264.3661	0.430800	0.475000	0.431000	0.343000
1997	293.3237	0.443900	0.491000	0.453000	0.349000
1998	313.4893	0.451200	0.474000	0.462000	0.357000
1999	333.0811	0.433500	0.481000	0.486000	0.400000
2000	368.5056	0.431900	0.491000	0.515000	0.420000
2001	407.2843	0.445700	0.507000	0.500000	0.409000
2002	446.9430	0.444500	0.527000	0.511000	0.369000
2003	504.4768	0.454900	0.542000	0.490000	0.372000
2004	593.8244	0.463500	0.551000	0.530000	0.351000
2005	680.5111	0.472800	0.505000	0.554000	0.328000
2006	787.1321	0.512900	0.495000	0.556000	0.303000
2007	955.6915	0.525500	0.477000	0.543000	0.309000
2008	1116.757	0.532500	0.425000	0.551000	0.312000
2009	1264.720	0.507800	0.438000	0.551000	0.319000
2010	1484.798	0.517700	0.436000	0.565000	0.324000
2011	1753.542	0.547400	0.400000	0.561000	0.324000
2012	1938.221	0.534200	0.368000	0.551000	0.324000

资料来源：笔者根据《中国统计年鉴》和 UN Comtrade 统计数据计算整理得出。

三、协整检验

协整检验是研究非平稳时间序列相关关系的有效方法，它是从经济变量数据所显示的关系出发，判定变量之间的长期均衡关系，协整分析适用于检验两个（或以上）变量之间是否存在长期的稳定关系。根据时间序列变量间协整关系检验原理，首先进行单变量稳定性检验，如果两变量都是单整变量，当它们的单整级相同时可进行协整性检验。

鉴于大多数经济时间序列变量是非平稳的，利用非平稳的时间序列数据进行回归并不能得出有效的结果。因此，为保证回归分析的有效性，在对经济变量的时间序列做出研究说明前，应进行数据的平稳性检验。本书运用 ADF 单位根检验，对变量的时间序列的平稳性进行检验，检验结果见表 5 - 2。

表 5 - 2　　　　　　GDP 和 G - L 指数单位根检验结果

变量	检验类型 (C, T, t)	ADF 检验统计值	临界值			结论
			1%	5%	10%	
GDP	$(C, N, 4)$	1.973546	-3.920350	-3.065585	-2.673459	非平稳
$\Delta Ln\,(GDP)$	$(C, N, 3)$	-4.412026	-3.920350	-3.065585	-2.673459	平稳
$G - L_5$	$(C, N, 0)$	-0.705692	-3.808546	-3.020686	-2.650413	非平稳
$\Delta Ln\,(G - L_5)$	$(C, N, 0)$	-3.986616	-3.831511	-3.029970	-2.655194	平稳
$G - L_6$	$(C, N, 0)$	0.006837	-3.808546	-3.020686	-2.650413	非平稳
$\Delta Ln\,(G - L_6)$	$(C, N, 0)$	-3.699883	-3.831511	-3.029970	-2.655194	平稳
$G - L_7$	$(C, N, 0)$	-1.000035	-3.808546	-3.020686	-2.650413	非平稳
$\Delta Ln\,(G - L_7)$	$(C, N, 0)$	-4.831144	-3.831511	-3.029970	-2.655194	平稳
$G - L_8$	$(C, N, 1)$	-1.479357	-3.831511	-3.029970	-2.655194	非平稳
$\Delta Ln\,(G - L_8)$	$(C, N, 0)$	-4.181610	-3.831511	-3.029970	-2.655194	平稳

注：检验类型中，C 表示常数项，T 表示趋势项，t 表示最优滞后期；N 为无趋势项；t 的选择是根据 SIC 原则。

对表 5 - 2 分析得知，虽然 GDP 与 SITC5 ~ SITC8 的 G - L 指数均为非平稳数列，但是经过一阶差分之后均可在 1% 和 5% 的显著水平下通过平稳性检验，经过差分之后的数列都为一阶单整的时间序列。

根据表 5 - 2 所得数据进行回归计算，确定工业制成品产业内贸易指数变化对中国经济增长的影响，得到的回归结果如表 5 - 3 所示。

表 5 - 3　　　对 GDP 和工业制成品 G - L 指数回归分析

Dependent Variable：Log（GDP）				
Method：Least Squares				
Sample：1992 - 2012				
Included observations：21				
Variable	Coefficient	Std. Error	t-Statistic	Prob.
C	12. 19682	2. 663250	4. 579676	0. 0003
Log（$G - L_5$）	3. 971663	2. 122748	1. 871001	0. 0797
Log（$G - L_6$）	- 0. 645965	0. 837448	- 0. 771349	0. 4517
Log（$G - L_7$）	4. 679256	0. 907881	5. 154041	0. 0001
Log（$G - L_8$）	0. 216351	1. 169935	0. 184926	0. 8556
R-squared	0. 928772	Mean dependent var		6. 194858
Adjusted R-squared	0. 910966	S. D. dependent var		0. 840583
S. E. of regression	0. 250819	Akaike info criterion		0. 276084
Sum squared resid	1. 006560	Schwarz criterion		0. 524780
Log likelihood	2. 101118	Hannan-Quinn criter.		0. 330057
F-statistic	52. 15803	Durbin-Watson stat		0. 779266
Prob（F-statistic）	0. 000000			

资料来源：由 Eviews 7. 2 回归得出。

通过对表 5 - 3 的分析，可得出回归方程：

$$Log(GDP) = 12.19682 + 3.971663 * Log(G - L_5)$$
$$- 0.645965 * Log(G - L_6) + 4.679256 * Log(G - L_7)$$
$$+ 0.216351 * Log(G - L_8)$$

由表 5 - 4 和表 5 - 5 可以看出，残差序列的 ADF 单位根检验统计量为 - 2.898427，这表明残差序列在 10% 的显著性水平下是平稳序列，所以 Log（GDP）和 Log（G - L）之间存在协整关系，即中国工业制成品产业内贸易与经济增长之间存在着长期稳定的均衡关系。

表 5 - 4   回归结果的残差分析

年份	Actual	Fitted	Residual
1992	4.60517	5.10373	- 0.49856
1993	4.87701	5.25463	- 0.37761
1994	5.18749	5.16962	0.01787
1995	5.41966	5.31311	0.10655
1996	5.57733	5.16334	0.41400
1997	5.68128	5.49761	0.18366
1998	5.74777	5.68212	0.06565
1999	5.80839	5.77528	0.03310
2000	5.90946	6.02906	- 0.11961
2001	6.00951	5.98921	0.02030
2002	6.10243	6.03307	0.06936
2003	6.22352	5.91219	0.31133
2004	6.38658	6.33055	0.05603
2005	6.52284	6.65834	- 0.13549
2006	6.66840	6.99429	- 0.32590

续表

年份	Actual	Fitted	Residual
2007	6. 86244	7. 00815	− 0. 14571
2008	7. 01818	7. 20579	− 0. 18761
2009	7. 14261	7. 00249	0. 14011
2010	7. 30303	7. 20291	0. 10013
2011	7. 46939	7. 44688	0. 02251
2012	7. 56953	7. 31964	0. 24989

资料来源：由 Eviews 7. 2 得出。

表 5 − 5　　　　　　　　残差序列单位根检验结果

		t-Statistic	Prob. *
Augmented Dickey-Fuller test statistic		− 2. 898427	0. 0632
Test critical values：	1% level	− 3. 808546	
	5% level	− 3. 020686	
	10% level	− 2. 650413	

资料来源：由 Eviews 7. 2 得出。

四、Granger 检验

协整检验结果仅能说明变量之间是否存在长期稳定的关系，变量之间是否具有因果关系还需要进一步检验。以下分别对 SITC5 ~ SITC8 的 G – L 指数与 GDP 指数进行 Granger 因果关系检验。本检验所使用 1992 ~ 2012 年的 SITC5 ~ SITC8 的 G – L 指数，在本书第三章已经计算出来；GDP 指数根据《中国统计年鉴》计算得出。

利用 Eviews7. 2 对 SITC5 ~ SITC8 的 G – L 指数与 GDP 的 Granger 进行因果关系检验，检验结果如表 5 – 6、表 5 – 7、表 5 – 8 和表 5 – 9 所示。

表 5 - 6   **SITC5 的 G - L 指数与 GDP 指数的**
Granger 因果关系检验

Pairwise Granger Causality Tests			
Sample：1992 - 2012			
Lags：2			
Null Hypothesis：	Obs	F-Statistic	Prob.
Ln（G - L$_5$）does not Granger Cause Ln（GDP）	19	0. 29027	0. 7525
Ln（GDP）does not Granger Cause Ln（G - L$_5$）		4. 19318	0. 0347

资料来源：由 Eviews7. 2 得出。

表 5 - 7   **SITC6 的 G - L 指数与 GDP 指数的**
Granger 因果关系检验

Pairwise Granger Causality Tests			
Sample：1992 - 2012			
Lags：2			
Null Hypothesis：	Obs	F-Statistic	Prob.
Ln（G - L$_6$）does not Granger Cause Ln（GDP）	19	0. 21689	0. 8077
Ln（GDP）does not Granger Cause Ln（G - L$_6$）		4. 92206	0. 0241

资料来源：由 Eviews7. 2 得出。

表 5 - 8   **SITC7 的 G - L 指数与 GDP 指数的**
Granger 因果关系检验

Pairwise Granger Causality Tests			
Sample：1992 - 2012			
Lags：2			
Null Hypothesis：	Obs	F-Statistic	Prob.
Ln（G - L$_7$）does not Granger Cause Ln（GDP）	19	4. 78469	0. 0261
Ln（GDP）does not Granger Cause Ln（G - L$_7$）		2. 41140	0. 1259

资料来源：由 Eviews7. 2 得出。

表 5 – 9 **SITC8 的 G – L 指数与 GDP 指数的**
Granger 因果关系检验

Pairwise Granger Causality Tests			
Sample：1992 – 2012			
Lags：2			
Null Hypothesis：	Obs	F-Statistic	Prob.
Ln（G – L$_8$）does not Granger Cause Ln（GDP）	19	0. 08001	0. 9235
Ln（GDP）does not Granger Cause Ln（G – L$_8$）		2. 54819	0. 1138

资料来源：由 Eviews7. 2 得出。

根据表 5 – 6 可知，原假设"Ln（G – L$_5$）不是 Ln（GDP）变化的原因"被接受，原假设"Ln（GDP）不是 Ln（G – L$_5$）变化的原因"被拒绝。结论表明，GDP 的增长可以促进 SITC5 产业内贸易水平的提高。

根据表 5 – 7 可知，原假设"Ln（G – L$_6$）不是 Ln（GDP）变化的原因"被接受，原假设"Ln（GDP）不是 Ln（G – L$_6$）变化的原因"被拒绝。结论表明，GDP 的增长可以促进 SITC6 产业内贸易水平的提高。

根据表 5 – 8 可知，原假设"Ln（G – L$_7$）不是 Ln（GDP）变化的原因"被拒绝，原假设"Ln（GDP）不是 Ln（G – L$_7$）变化的原因"被接受。结论表明，SITC7 产业内贸易水平的提高有助于促进经济增长。

根据表 5 – 9 可知，原假设"Ln（G – L$_8$）不是 Ln（GDP）变化的原因"被接受，原假设"Ln（GDP）不是 Ln（G – L$_8$）变化的原因"被接受。结论表明，G – L$_8$ 与 GDP 的变化无因果关系。

五、结果分析

通过对中国工业制成品产业贸易指数与国内生产总值间相关关系的协整检验证明中国工业制成品产业内贸易指数与中国经济增长

之间存在着长期平稳的协整关系；通过 Granger 因果检验也表明中国工业制成品产业内贸易水平的提高对于经济增长具有促进作用，这种促进作用在 SITC7 产业中表现得尤为突出；而 GDP 指数的增长也有助于 SITC5 和 SITC6 两类产业内贸易水平的提高，这与理论预期是一致的。

为考查中国工业制成品产业内贸易与经济增长的关系，本章首先就对外贸易与经济增长的相互关系进行了理论分析；其次利用中国 1992 ~ 2012 年的 GDP 指数与工业制成品 G - L 指数，通过建立回归模型进行了协整分析，得出的结论是 GDP 指数与中国工业制成品 SITC5 ~ SITC8 的 G - L 指数之间存在协整关系，即中国工业制成品产业内贸易发展与经济增长之间存在着长期稳定的均衡关系；在协整分析基础上又分别对 SITC5 ~ SITC8 的 G - L 指数与 GDP 指数进行了 Granger 因果关系检验，结果显示 SITC7 工业制成品产业内贸易水平的提高对于经济增长具有促进作用，工业制成品产业内贸易发展是中国经济增长的原因之一。

第六章 中国工业制成品产业内贸易影响因素分析

20 世纪 80 年代初产业内贸易理论体系形成以来，专家与学者们围绕产业内贸易的影响因素进行了大量的经验研究。本书在第一章导论中已经阐述这些经验判断都是关于产业内贸易指数以及相关影响因素之间的正负相关性及影响程度方面的。鉴于前人已有的研究成果及中国经济与对外贸易发展的实际，本章将在分析中国工业制成品产业内贸易影响因素的基础上，选取人均 GDP 水平、贸易不平衡程度、工业规模经济和外商直接投资作为变量，通过建立模型进行回归分析和因果关系检验，同时对因果检验结果与前人的研究成果进行比较，为提出中国发展工业制成品产业内贸易的建议提供依据。

第一节 产业内贸易的影响因素

根据前文所述，产业内贸易的影响因素可分为两大类，即国家层面的因素与产业层面的因素。国家层面的因素一般包括国家规模和发展程度、国民收入、人均收入水平、要素禀赋、经济一体化程度、贸易不平衡程度、运输距离等。产业层面的因素一般包括产品差异性、规模经济、市场结构、外国直接投资等。鉴于中国经济与对外贸易发展的实际，考虑到数据的可获得性，本章在产业内贸易影响因素的分析中，在国家层面的影响因素选取人均 GDP 水平与贸易不平衡程度作为变量；在产业层面选取工业规模经济水平与外商直接投资作为变量，分别进行回归分析与因果关系检验。

（1）人均 GDP 水平。Linder（1961）提出的"需求偏好相似理论"被学者们用来解释产业内贸易的成因，即两国的人均国民收入越接近，需求结构就越接近，两国发生贸易的可能就越大，从需求角度解释了产业内贸易的成因。一般来说，一国经济发展水平与工业化程度越高，产业内贸易往往发展越快。人均国民收入是决定消费者购买能力与消费行为的重要因素。人均国民收入越高，对于产品差异化的需求就越大。人均国民收入一般以人均 GDP 水平衡量。1978 年中国国内生产总值仅为 3645 亿元，在世界的排名为10 位。改革开放三十多年来，中国经济发展取得了令世人瞩目的成绩，经济实力显著增强。到 2012 年，国内生产总值达到340506.9 亿元，仅列美国之后。但是中国又是世界人口最多的国家，2012 年末，中国人口 13.54 亿，占世界总人口的 19.13%，虽然中国 GDP 已达中等国家水平，但是由于众多的人口，人均 GDP水平并不高。因此，研究中国工业制成品产业内贸易的影响因素，人均 GDP 水平是首选。

（2）贸易不平衡程度。贸易不平衡程度对于产业内贸易的影响在产业内贸易理论产生之初就引起了专家与学者们的注意。学者们认为，Balassa 指数没有考虑到贸易不平衡因素对计算结果所产生的影响，G－L 指数虽然减少了一国贸易顺差（或是逆差）对测度的影响，但是没有考虑到某个具体产业的贸易顺差（或是逆差）对测度的影响，因此仍然没有完全消除贸易不平衡的影响。Aquino指数、MIIT 指数则在一定程度上消除了贸易失衡的影响。在中国经济高速发展过程中，由于国际收支严重不平衡，对于国内经济发展造成影响，最突出的表现就是巨额贸易顺差。自 1994 年由贸易逆差转化为顺差以来，中国一直保持贸易顺差。加入 WTO 以后，贸易顺差规模呈现出加速扩大趋势。到 2012 年，中国贸易顺差达到 2305.8 亿美元。即使受国际金融危机的影响，2009 年中国贸易顺差仍维持在 1960.6 亿美元的水平上。中国持续的贸易顺差以及由此带来的巨额外汇储备引发了多方关注。尽管贸易顺差的扩大是一个较为复杂的问题，但是巨额贸易顺差加剧了贸易摩擦，使中国已成为遭到反倾销投诉最多的国家之一，同时加大了人民币升值的压力。因此，研究中国工业制成品产业内贸易的影响因素，贸易不平衡程度不容忽视。

（3）规模经济。Krugman（1979）与 Lancaster（1980）等认为，在垄断竞争市场结构下，产品差异与规模经济是产业内贸易发生的原因。规模经济理论认为，企业的长期平均成本随着产量增加而下降，企业面对的是市场需求曲线，市场需求量会随着价格的下跌而增加。如果企业所面向的只是国内的需求，由于国内市场需求有限，企业生产规模有限，生产成本和产品价格保持在较高的水平上。如果企业参与国际分工，将面向国际、国内两个市场，国内需求与国外需求的叠加，扩大了企业的生产规模。由于生产具有收益递增的特征，尤其是现代化的工业，大规模的生产使产品的平均成本降低，增加了产品在国际市场上竞争能力。规模经济效应使技术、要素禀赋无差异的国家之间以产业内贸易的方式发生国际贸易，并获得贸易利益。经济全球化和贸易自由化使得规模经济能够得以实现，并在贸易方面表现为产业内贸易的提高。因此，研究中国工业制成品产业内贸易的影响因素，规模经济因素不可或缺。

（4）外商直接投资。国内外学者对于产业内贸易影响因素的检验集中在人均 GDP 水平、规模经济、产品差异等，对于外商直接投资的检验并不多。Balassa 和 Bauwens（1988）在用 SITC 四位数对 38 个主要出口国（包括发达国家和发展中国家）152 个行业产业内贸易影响因素的检验中发现外商直接投资呈显著负相关。外商直接投资是中国对外开放基本国策的重要内容。改革开放 30 年来，尤其是 1992 年以后，中国利用外资规模逐年扩大，据联合国贸易与发展会议 2008 年 9 月 24 日出版的《2008 年世界投资报告》的数据，2007 年，中国连续 16 年成为发展中国家中吸收外国直接投资最多的国家。2012 年中国外国直接投资流入量达到约 1117. 2 亿美元，在世界排名第二，仅次于美国。外商直接投资不仅缓解了国内资本要素短缺的矛盾，而且带来了技术外溢效应。而外商直接投资的动机是为了追求规模经济与差异化产品。研究中国工业制成品产业内贸易的影响因素，外商直接投资同样不容忽视。

第二节 中国制成品产业内贸易影响因素的实证分析

鉴于中国经济与对外贸易发展的实际，考虑到数据的可获得性，对中国工业制成品产业内贸易影响因素的实证分析将选取人均 GDP 水平、贸易不平衡程度、工业规模经济水平、外商直接投资 4 个变量，建立回归模型，进行协整分析，同时利用 Granger 因果关系法进行检验。

一、模型建立与数据来源

（一）模型建立

根据产业内贸易相关理论，假设工业制成品产业内贸易指数（G－L 指数）与人均 GDP 水平、外商直接投资、工业规模经济指标、贸易不平衡程度 4 个变量之间为相关关系，建立基本计量模型：

$$G-L_t = \alpha_0 + \alpha_1 AGDP_t + \alpha_2 FDI_t + \alpha_3 SCALE_t + \alpha_4 TIMB_t + \xi_t$$

$$(6.1)$$

其中：$G-L_t$ 表示 t 时期中国工业制成品产业内贸易指数；α_0 为常数项；$AGDP_t$ 表示 t 时期中国人均国内生产总值；FDI_t 表示 t 时期外商直接投资规模；$SCALE_t$ 表示 t 时期中国工业规模以上企业产值占工业总产值的比例；$TIMB_t$ 表示 t 时期中国贸易不平衡程度；

ξ_t 为随机误差项。由于外商直接投资与贸易不平衡程度为模型的外生变量，反映的是中国贸易环境的变化，对产业内贸易指数的影响并非在当期体现出来，因此在模型分析中对这两个变量采取滞后一期数据进行回归分析。

（二）数据来源

本部分实证分析采用时间序列数据，样本期为 1992～2012 年，基年定为 1992 年，以此检验中国工业制成品产业内贸易发展与 4 个影响因素之间的长期关系。

G－L 指数使用本书第三章计算所得出的中国工业制成品产业内贸易指数。

AGDP 数据来源于《中国统计年鉴》，单位为"元"。预期中国人均 GDP 水平将对中国工业制成品产业内贸易指数产生正向影响。

FDI 代表外商直接投资，数据来源于《中国统计年鉴》，单位为"亿美元"外商直接投资的动机是为了追求规模经济和差异化产品。中国加入世界贸易组织以来，贸易壁垒不断降低，贸易与投资成本也呈不断下降趋势，基于此预期外商直接投资将对中国工业制成品产业内贸易指数产生正向影响。

SCALE 代表工业规模经济水平，使用工业规模以上企业产值占工业总产值的比重来表示，数据来源于《中国统计年鉴》。工业企业的经济规模越大，生产差异化产品的潜力也就越大，潜在的规模经济效应越能得到发挥，预期工业规模经济状况将对中国工业制成品产业内贸易指数产生正向影响。

TIMB 代表中国贸易不平衡程度，表示贸易不平衡程度，贸易不平衡的测度方法如下：$TIMB = |X_j - M_j| / (X_j + M_j)$，贸易不平衡数据根据 UN Comtrade 整理得出。根据前文所述，贸易不平衡程度可能会对中国制成品产业内贸易的水平产生低估效应，这里预期贸易不平衡变量的符号为负。

具体数据详情见表6-1。

表6-1　　　　　中国工业制成品产业内贸易影响因素数据

年份	G-L	AGDP	FDI	SCALE	TIMB
1992	0.4229	2311	192.03	0.5152	0.0263
1993	0.4262	2998	389.60	0.4695	0.0624
1994	0.4191	4044	432.13	0.5600	0.0228
1995	0.4395	504	481.33	0.5096	0.0594
1996	0.4200	5846	548.05	0.5448	0.0421
1997	0.4342	6420	644.08	0.4744	0.1243
1998	0.4361	6796	585.57	0.5547	0.1345
1999	0.4501	7159	526.59	0.5700	0.0811
2000	0.4645	7858	593.56	0.5775	0.0508
2001	0.4654	8622	496.72	0.6060	0.0442
2002	0.4629	9398	550.11	0.5941	0.0490
2003	0.4647	10542	561.40	0.6770	0.0299
2004	0.4739	12336	640.72	0.6628	0.0278
2005	0.4650	14185	638.05	0.6682	0.0717
2006	0.4667	16500	670.76	0.6575	0.1008
2007	0.4636	20169	783.39	0.6495	0.1213
2008	0.4551	23708	952.53	0.6297	0.1163
2009	0.4540	25608	918.04	0.6121	0.0888
2010	0.4608	30015	1088.21	0.6220	0.0611
2011	0.4580	35181	1176.98	0.6534	0.0426
2012	0.4443	38354	1117.20	0.6489	0.0596

资料来源:《中国统计年鉴》以及 UN Comtrade 统计数据计算整理得出。

二、实证检验与结果分析

在利用 Eviews 7.2 进行回归分析的过程中，为了消除异方差，体现序列本身的规律，对上述各时间序列取对数进行回归研究，函数表达为：

$$Log(G-L_t) = \beta_0 + \beta_1 log(AGDP_t) + \beta_2 log(FDI_{t-1})$$
$$+ \beta_3 log(SCALE_t) + \beta_4 log(TIMB_{t-1}) + \varepsilon_t \quad (6.2)$$

由于大多数经济时间序列变量是非平稳的，利用非平稳的时间序列数据进行回归并不能得出有效的结果。为保证回归分析的有效性，在对经济变量的时间序列做研究说明之前，应进行数据的平稳性检验。

运用 ADF 单位根检验法对变量的时间序列的平稳性进行检验，所得 1992~2012 年的 G-L 指数和各影响因素单位根检验结果如表 6-2 所示。

表 6-2　　　　G-L 指数和各影响因素单位根检验结果

变量	检验类型 (C, T, t)	ADF 检验 统计值	临界值			结论
			1%	5%	10%	
G-L	(C, N, 0)	-1.802034	-3.808546	-3.020686	-2.650413	非平稳
Ln (G-L)	(C, N, 1)	-5.936571	-3.831511	-3.029970	-2.655194	平稳
AGDP	(C, N, 0)	2.844810	-3.808546	-3.020686	-2.650413	非平稳
Ln (AGDP)	(C, N, 1)	-7.516400	-3.831511	-3.029970	-2.655194	平稳
FDI	(C, N, 0)	-0.876099	-3.808546	-3.020686	-2.650413	非平稳
Ln (FDI)	(C, N, 1)	-6.986569	-3.831511	-3.029970	-2.655194	平稳
SCALE	(C, N, 0)	-1.646525	-3.808546	-3.020686	-2.650413	非平稳
Ln (SCALE)	(C, N, 1)	-9.230861	-3.831511	-3.029970	-2.655194	平稳
TIMB	(C, N, 0)	-4.053181	-3.920350	-3.065585	-2.673459	平稳
Ln (TIMB)	(C, N, 1)	-5.910053	-3.831511	-3.029970	-2.655194	平稳

注：检验类型中，C 表示常数项，T 表示趋势项，t 表示最优滞后期；N 为无趋势项；t 的选择是根据 SIC 原则。

在经过一阶差分之后以上数列均可在 1% 的显著水平下通过平稳性检验。经过差分之后的数列都为一阶单整的时间序列。在通过平稳性检验之后，运用 Eviews7.2 对中国工业制成品 G - L 指数与各影响因素进行回归分析。回归结果如表6-3 所示。

表6-3   中国工业制成品 G - L 指数与各影响因素回归分析

Dependent Variable：Log（G - L）				
Method：Least Squares			Sample：1992 - 2012	
Included observations：21 after adjustments				
Variable	Coefficient	Std. Error	t-Statistic	Prob.
C	- 0. 523136	0. 192080	- 2. 723526	0. 0150
Log（AGDP）	0. 008049	0. 011429	- 0. 704230	0. 4914
Log（SCALE）	0. 324044	0. 085818	3. 775955	0. 0017
Log（FDI）	0. 002365	0. 025421	0. 093014	0. 9270
Log（TIMB）	- 0. 016597	0. 013211	1. 256311	0. 2270
R-squared	0. 643131	Mean dependent var		- 0. 799587
Adjusted R-squared	0. 553913	S. D. dependent var		0. 039151
S. E. of regression	0. 026149	Akaike info criterion		- 4. 245758
Sum squared resid	0. 010940	Schwarz criterion		- 3. 997062
Log likelihood	49. 58046	Hannan-Quinn criter.		- 4. 191785
F-statistic	7. 208584	Durbin-Watson stat		1. 873443
Prob（F-statistic）	0. 00617			

资料来源：由 Eviews7.2 回归得出。

根据表6-3，回归结果以原方程形式表示为：

$$Log(G - L_t) = -0.523 + 0.00805 \times Log(AGDP_t) + 0.32404 \times$$
$$Log(SCALE_t) + 0.00237 \times Log(FDI_t)$$
$$- 0.01660 \times Log(TIMB_t) \qquad (6.3)$$

根据上述回归方程系数可以得知，人均 GDP 水平、工业规模经济程度、外商直接投资和贸易不平衡4 个变量对中国工业制成品产业内贸易的影响与预期相符，其中人均 GDP 水平、工业规模经济程度、外商直接投资对于中国工业制成品产业内贸易具有正向的促进作用。比较而言，人均 GDP 水平和工业规模经济程度两个变量比外商直接投资变量作用显著。贸易不平衡程度变量则在一定程度上抑制了中国制成品产业内贸易的发展。

由表 6 - 4、表 6 - 5 和图 6 - 1 可以看出，残差序列的 ADF 单位根检验统计量为 - 4.029806，这表明残差序列在 1% 的显著性水平下是平稳序列。另外，回归模型的拟合优度虽然不很高，但是完全可以看出 4 个影响因素对工业制成品 G - L 指数在研究期间影响程度上的差异。

表 6 - 4 回归结果的残差分析

年份	Actual	Fitted	Residual
1992	- 0.86068	- 0.84833	- 0.01235
1993	- 0.85296	- 0.86451	0.01155
1994	- 0.86977	- 0.82625	- 0.04351
1995	- 0.82217	- 0.82394	0.00177
1996	- 0.86762	- 0.82740	- 0.04022
1997	- 0.83419	- 0.85467	0.02048
1998	- 0.83000	- 0.80337	- 0.02663
1999	- 0.79823	- 0.80364	0.00541
2000	- 0.76685	- 0.80756	0.04071
2001	- 0.76480	- 0.79545	0.03064
2002	- 0.77030	- 0.80063	0.03033
2003	- 0.76631	- 0.76736	0.00105
2004	- 0.74681	- 0.77640	0.02959
2005	- 0.76583	- 0.75919	- 0.00663
2006	- 0.76202	- 0.75986	- 0.00215
2007	- 0.76868	- 0.76199	- 0.00669

续表

年份	Actual	Fitted	Residual
2008	−0.78718	−0.77359	−0.01360
2009	−0.78977	−0.78792	−0.00185
2010	−0.77490	−0.78983	0.01493
2011	−0.78089	−0.78099	0.00010
2012	−0.81137	−0.77843	−0.03294

资料来源：由 Eviews7.2 得出。

表6-5　　　　　　　　　　回归结果的残差单位根检验

		t-Statistic	Prob. *
Augmented Dickey-Fuller test statistic		−4.029806	0.0062
Test critical values：	1% level	−3.808546	
	5% level	−3.020686	
	10% level	−2.650413	

资料来源：由 Eviews7.2 得出。

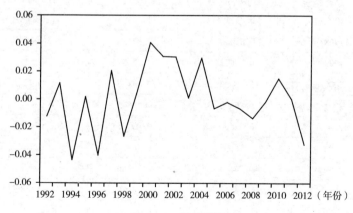

图6-1　残差示意

第三节　中国工业制成品产业内贸易影响因素因果关系检验

前文对于人均 GDP 水平、贸易不平衡程度、工业规模经济和外商直接投资 4 个变量与中国制成品产业内贸易的相关程度进行了回归检验，本书在此基础上进一步对上述 4 个变量与中国制成品产业内贸易的关系进行因果关系检验，同时验证本书的研究结果与前人成果的差异。

本部分因果检验所涉及全部变量的定义与所使用数据同前。

一、基于国家层面影响因素的检验

本部分将选取人均 GDP 与贸易不平衡程度 2 个国家层面的影响因素，分别就 2 个变量与 SITC5～SITC8 的 G－L 指数进行因果关系检验，并比较检验结果与前人研究成果的差异。

（一）SITC5～SITC8 的 G－L 指数与人均 GDP 指数的 Granger 因果关系检验

对 G－L 指数与人均 GDP 指数的 Granger 因果关系检验采取对中国工业制成品中 SITC5～SITC8 四个产业分别检验的方式进行。

因果关系检验前，首先运用 ADF 单位根检验法对全部变量的时间序列的平稳性进行检验，检验结果如表 6－6 所示。

表 6－6　　　　　人均 GDP 指数和 SITC5～SITC8 的
G－L 单位根检验结果

变量	检验类型 (C, T, t)	ADF 检验统计值	临界值			结论
			1%	5%	10%	
AGDP	(C, N, 0)	2.844810	－3.808546	－3.020686	－2.650413	非平稳
Ln（AGDP）	(C, N, 1)	－7.516400	－3.831511	－3.029970	－2.655194	平稳

变量	检验类型 (C, T, t)	ADF 检验 统计值	临界值			结论
			1%	5%	10%	
$G-L_5$	(C, N, 0)	-0.697066	-3.808546	-3.020686	-2.650413	非平稳
$\Delta Ln\ (G-L_5)$	(C, N, 1)	-3.967740	-3.831511	-3.029970	-2.655194	平稳
$G-L_6$	(C, N, 0)	0.006837	-3.808546	-3.020686	-2.650413	非平稳
$\Delta Ln\ (G-L_6)$	(C, N, 1)	-3.699883	-3.831511	-3.029970	-2.655194	平稳
$G-L_7$	(C, N, 0)	-1.000035	-3.808546	-3.020686	-2.650413	非平稳
$\Delta Ln\ (G-L_7)$	(C, N, 1)	-4.831144	-3.831511	-3.029970	-2.655194	平稳
$G-L_8$	(C, N, 0)	-1.479357	-3.831511	-3.029970	-2.655194	非平稳
$\Delta Ln\ (G-L_8)$	(C, N, 1)	-4.181610	-3.831511	-3.029970	-2.655194	平稳

注：检验类型中，C 表示常数项，T 表示趋势项，t 表示最优滞后期；N 为无趋势项；t 的选择是根据 SIC 原则。

在上述时间序列通过平稳性检验后，再利用 Eviews7.2 进行 SITC5 ~ SITC8 的 G - L 指数与人均 GDP 的 Granger 因果关系检验，检验结果如表 6 - 7、表 6 - 8、表 6 - 9 和表 6 - 10 所示。

表 6 - 7   SITC5 的 G - L 指数与人均 GDP 的 Granger 因果关系检验

Pairwise Granger Causality Tests			
Sample：1992 - 2012			
Lags：2			
Null Hypothesis：	Obs	F-Statistic	Prob.
$G-L_5$ does not Granger Cause AGDP	19	0.82156	0.4599
AGDP does not Granger Cause $G-L_5$		2.18538	0.1493

资料来源：由 Eviews7.2 得出。

表 6 - 8 　　　　　SITC6 的 G - L 指数与人均 GDP 的
　　　　　　　　　Granger 因果关系检验

Pairwise Granger Causality Tests			
Sample：1992 - 2012			
Lags：2			
Null Hypothesis：	Obs	F-Statistic	Prob.
G - L$_6$ does not Granger Cause AGDP	19	0. 40152	0. 6768
AGDP does not Granger Cause G - L$_6$		3. 76867	0. 0490

资料来源：由 Eviews7. 2 得出。

表 6 - 9 　　　　　SITC7 的 G - L 指数与人均 GDP 的
　　　　　　　　　Granger 因果关系检验

Pairwise Granger Causality Tests			
Sample：1992 - 2012			
Lags：2			
Null Hypothesis：	Obs	F-Statistic	Prob.
G - L$_7$ does not Granger Cause AGDP	19	0. 42516	0. 6618
AGDP does not Granger Cause G - L$_7$		0. 06223	0. 9399

资料来源：由 Eviews7. 2 得出。

表 6 - 10 　　　　　SITC8 的 G - L 指数与人均 GDP 的
　　　　　　　　　Granger 因果关系检验

Pairwise Granger Causality Tests			
Sample：1992 - 2012			
Lags：2			
Null Hypothesis：	Obs	F-Statistic	Prob.
G - L$_8$ does not Granger Cause AGDP	19	1. 45651	0. 2663
AGDP does not Granger Cause G - L$_8$		0. 35986	0. 7040

资料来源：由 Eviews7. 2 得出。

根据表 6 - 7 可知，原假设"G - L₅ 不是人均 GDP 变化的原因"被接受，但原假设"人均 GDP 不是 G - L₅ 变化的原因"被接受。结论表明，人均 GDP 与 SITC5 类制成品产业内贸易发展水平并无明显的因果关系。

根据表 6 - 8 可知，原假设"G - L₆ 不是人均 GDP 变化的原因"被接受，但原假设"人均 GDP 不是 G - L₆ 变化的原因"被拒绝。结果表明，人均 GDP 是 G - L₆ 变化的原因。以函数形式体现为：

$$Log(G - L_6) = -0.336217 - 0.044880 \times Log(AGDP) \qquad (6.4)$$

根据表 6 - 9 可知，原假设"G - L₇ 不是人均 GDP 变化的原因"被接受，同样原假设"人均 GDP 不是 G - L₇ 变化的原因"被接受。结论表明，人均 GDP 与 SITC7 类制成品产业内贸易发展水平并无明显的因果关系。

根据表 6 - 10 可知，原假设"G - L₈ 不是人均 GDP 变化的原因"被接受，但原假设"人均 GDP 不是 G - L₈ 变化的原因"被接受。结论表明，人均 GDP 与 SITC8 类制成品产业内贸易发展水平并无明显的因果关系。

综合上述中国工业制成品 SITC5 ~ SITC8 四个产业的分别检验，看出人均 GDP 水平的提高会对 SITC6 类制成品产业内贸易产生一定程度的抑制作用，随着人均收入的增加，对劳动密集型产品的需求在一定程度上会下降，因此人均 GDP 与 G - L₆ 呈负相关。

（二）SITC5 ~ SITC8 的 G - L 指数与贸易不平衡程度的 Granger 因果关系检验

因果关系检验前，同样运用 ADF 单位根检验法对变量的时间序列的平稳性进行检验，检验结果如表 6 - 11 所示。

表 6 - 11　　　　　贸易不平衡程度和 SITC5 ~ SITC8 的
G - L 指数单位根检验结果

变量	检验类型 (C, T, t)	ADF 检验 统计值	临界值			结论
			1%	5%	10%	
TIMB	(C, N, 0)	-4.053181	-3.920350	-3.065585	-2.673459	平稳
Ln (TIMB)	(C, N, 1)	-5.910053	-3.831511	-3.029970	-2.655194	平稳
$G - L_5$	(C, N, 0)	-0.697066	-3.808546	-3.020686	-2.650413	非平稳
$\Delta Ln\ (G - L_5)$	(C, N, 1)	-3.967740	-3.831511	-3.029970	-2.655194	平稳
$G - L_6$	(C, N, 0)	0.006837	-3.808546	-3.020686	-2.650413	非平稳
$\Delta Ln\ (G - L_6)$	(C, N, 1)	-3.699883	-3.831511	-3.029970	-2.655194	平稳
$G - L_7$	(C, N, 0)	-1.000035	-3.808546	-3.020686	-2.650413	非平稳
$\Delta Ln\ (G - L_7)$	(C, N, 1)	-4.831144	-3.831511	-3.029970	-2.655194	平稳
$G - L_8$	(C, N, 0)	-1.479357	-3.831511	-3.029970	-2.655194	非平稳
$\Delta Ln\ (G - L_8)$	(C, N, 1)	-4.181610	-3.831511	-3.029970	-2.655194	平稳

注：检验类型中，C 表示常数项，T 表示趋势项，t 表示最优滞后期；N 为无趋势项；t 的选择是根据 SIC 原则。

在上述时间序列通过平稳性检验后，再利用 Eviews7.2 进行 SITC5 ~ SITC58 的 G - L 指数与贸易不平衡状况的 Granger 因果关系检验，检验结果如表 6 - 12、表 6 - 13、表 6 - 14 和表 6 - 15 所示。

表 6 - 12　　　SITC5 的 G - L 指数与贸易不平衡程度的
Granger 因果关系检验

Pairwise Granger Causality Tests			
Sample：1992 - 2012			
Lags：2			
Null Hypothesis：	Obs	F-Statistic	Prob.
TIMB does not Granger Cause $G - L_5$	19	0.61362	0.5553
$G - L_5$ does not Granger Cause TIMB		0.15295	0.8596

资料来源：由 Eviews7.2 得出。

表 6 – 13　　　SITC6 的 G – L 指数与贸易不平衡程度的
　　　　　　　　Granger 因果关系检验

Pairwise Granger Causality Tests

Sample：1992 – 2012

Lags：2

Null Hypothesis：	Obs	F-Statistic	Prob.
TIMB does not Granger Cause G – L$_6$	19	1. 05793	0. 3734
G – L$_6$ does not Granger Cause TIMB		2. 47842	0. 1198

资料来源：由 Eviews7. 2 得出。

表 6 – 14　　　SITC7 的 G – L 指数与贸易不平衡程度的
　　　　　　　　Granger 因果关系检验

Pairwise Granger Causality Tests

Sample：1992 – 2012

Lags：2

Null Hypothesis：	Obs	F-Statistic	Prob.
TIMB does not Granger Cause G – L$_7$	19	1. 29557	0. 3046
G – L$_7$ does not Granger Cause TIMB		0. 04654	0. 9547

资料来源：由 Eviews7. 2 得出。

表 6 – 15　　　SITC8 的 G – L 指数与贸易不平衡程度的
　　　　　　　　Granger 因果关系检验

Pairwise Granger Causality Tests

Sample：1992 – 2012

Lags：2

Null Hypothesis：	Obs	F-Statistic	Prob.
TIMB does not Granger Cause G – L$_8$	19	6. 92385	0. 0081
G – L$_8$ does not Granger Cause TIMB		2. 55719	0. 1131

资料来源：由 Eviews 7. 2 得出。

根据表 6 - 12 可知，原假设"贸易不平衡不是 G - L₅ 变化的原因"被接受，原假设"G - L₅ 不是贸易不平衡变化的原因"被接受。结论表明，中国贸易不平衡状况与 SITC5 类制成品产业内贸易发展水平并无明显的因果关系。

根据表 6 - 13 可知，原假设"贸易不平衡不是 G - L₆ 变化的原因"被接受，原假设"G - L₆ 不是贸易不平衡变化的原因"被接受。结论表明，中国贸易不平衡状况与 SITC6 类制成品产业内贸易发展水平并无明显的因果关系。

根据表 6 - 14 可知，原假设"贸易不平衡不是 G - L₇ 变化的原因"被接受，原假设"G - L₇ 不是贸易不平衡变化的原因"被接受。结论表明，中国贸易不平衡状况与 SITC7 类制成品产业内贸易发展水平并无明显的因果关系。

根据表 6 - 15 可知，原假设"贸易不平衡不是 G - L₈ 变化的原因"被拒绝，原假设"G - L₈ 不是贸易不平衡变化的原因"被接受。结论表明，贸易不平衡是 G - L₈ 不变化的原因。以函数形式体现为：

$$Log(G - L_8) = -1.216987 - 0.057923 \times Log(TIMB) \qquad (6.5)$$

综合上述中国贸易不平衡程度与 SITC5 ~ SITC8 的 G - L 指数的 4 个检验，本书得出：中国贸易不平衡程度的提高对 SITC8 类产业内贸易水平的发展有反向作用。

（三）国家层面影响因素检验结果与前人成果的比较

关于人均 GDP 与产业内贸易的关系，国外学者得出了人均 GDP 与产业内贸易负相关或正相关两种相反的结论，如 Helpman（1987）用最小二乘法对 1970 ~ 1981 年 14 个工业化国家产业内贸易决定因素进行了检验。发现人均 GDP 差距的绝对值与产业内贸易负相关，但显著性因年份不同而有差异；Balassa 和 Bauwens（1988）利用 SITC 四位数对 38 个主要出口国（包括发达国家和发展中国家）152 个行业产业内贸易影响因素的检验中发现，人均 GDP 等呈显著正相关；国内学者廖长友、廖翼等人研究人均收入水平与产业内贸易的关系后，得出了一致的结论，即人均国民收入水平与中国产业内贸易水平呈显著正相关或正相关。关于人均 GDP 与产业内贸易的关系，本书得到的结论是：人均 GDP 水平的提高会对 SITC6 类制成品产业内贸易产生一定程度的抑制作用，随着人均收入的增加，对劳动密集型产品的需求在一定程度上会下降，因此人均 GDP 与 $G - L_6$ 呈负相关。本书研究的成果与国外某些学者的观点一致。关于贸易不平衡程度与产业内贸易的关系，由于国内外学者对此研究很少，为此无法与本书的检验结果进行比较。

二、基于产业层面影响因素的检验

本部分将选取外商直接投资与规模经济 2 个产业层面的影响因素，分别就 2 个变量与 SITC5 ~ SITC8 的 G - L 指数进行因果关系检验，并比较检验结果与前人研究成果的差异。

（一）SITC5 ~ SITC8 的 G – L 指数与 FDI 的 Granger 因果关系检验

因果关系检验前，同样首先运用 ADF 单位根检验法对变量的时间序列的平稳性进行检验，检验结果如表 6 – 16 所示。

表 6 –16　　　　外商直接投资和 SITC5 ~ SITC8 的 G – L
指数单位根检验结果

变量	检验类型 (C, T, t)	ADF 检验统计值	临界值			结论
			1%	5%	10%	
FDI	(C, N, 0)	– 0.876099	– 3.808546	– 3.020686	– 2.650413	非平稳
Ln（FDI）	(C, N, 1)	– 6.986569	– 3.831511	– 3.029970	– 2.655194	平稳

变量	检验类型 (C, T, t)	ADF检验 统计值	临界值			结论
			1%	5%	10%	
$G - L_5$	(C, N, 0)	-0.697066	-3.808546	-3.020686	-2.650413	非平稳
$\Delta Ln (G - L_5)$	(C, N, 1)	-3.967740	-3.831511	-3.029970	-2.655194	平稳
$G - L_6$	(C, N, 0)	0.006837	-3.808546	-3.020686	-2.650413	非平稳
$\Delta Ln (G - L_6)$	(C, N, 1)	-3.699883	-3.831511	-3.029970	-2.655194	平稳
$G - L_7$	(C, N, 0)	-1.000035	-3.808546	-3.020686	-2.650413	非平稳
$\Delta Ln (G - L_7)$	(C, N, 1)	-4.831144	-3.831511	-3.029970	-2.655194	平稳
$G - L_8$	(C, N, 0)	-1.479357	-3.831511	-3.029970	-2.655194	非平稳
$\Delta Ln (G - L_8)$	(C, N, 1)	-4.181610	-3.831511	-3.029970	-2.655194	平稳

注：检验类型中，C表示常数项，T表示趋势项，t表示最优滞后期；N为无趋势项；t的选择是根据SIC原则。

在上述时间序列通过平稳性检验后，再利用 Eviews7.2 进行 SITC5 ~ SITC8 的 G - L 指数与 FDI 的 Granger 因果关系检验，检验结果如表6-17、表6-18、表6-19和表6-20所示。

表6-17　　　SITC5 的 G - L 指数与外商直接投资的
Granger 因果关系检验

Pairwise Granger Causality Tests			
Sample：1992-2012			
Lags：2			
Null Hypothesis：	Obs	F-Statistic	Prob.
$G - L_5$ does not Granger FDI	19	6.12232	0.0123
FDI does not Granger Cause $G - L_5$		0.38964	0.6844

资料来源：由 Eviews7.2 得出。

表 6 – 18　　　　　　SITC6 的 G – L 指数与外商直接投资的
　　　　　　　　　　Granger 因果关系检验

Pairwise Granger Causality Tests			
Sample：1992 – 2012			
Lags：2			
Null Hypothesis：	Obs	F-Statistic	Prob.
G – L$_6$ does not Granger Cause FDI	19	0. 08458	0. 9194
FDI does not Granger Cause G – L$_6$		6. 82514	0. 0085

资料来源：由 Eviews7. 2 得出。

表 6 – 19　　　　　　SITC7 的 G – L 指数与外商直接投资的
　　　　　　　　　　Granger 因果关系检验

Pairwise Granger Causality Tests			
Sample：1992 – 2012			
Lags：2			
Null Hypothesis：	Obs	F-Statistic	Prob.
G – L$_7$ does not Granger Cause FDI	19	2. 01116	0. 1707
FDI does not Granger Cause G – L$_7$		2. 76823	0. 0970

资料来源：由 Eviews7. 2 得出。

表 6 – 20　　　　　　SITC8 的 G – L 指数与外商直接投资的
　　　　　　　　　　Granger 因果关系检验

Pairwise Granger Causality Tests			
Sample：1992 – 2012			
Lags：2			
Null Hypothesis：	Obs	F-Statistic	Prob.
G – L$_8$ does not Granger Cause FDI	19	2. 60423	0. 1093
FDI does not Granger Cause G – L$_8$		0. 85133	0. 4478

资料来源：由 Eviews7. 2 得出。

根据表 6 – 17 可知，原假设"G – L₅ 不是外商直接投资变化的原因"被拒绝，但原假设"外商直接投资不是 G – L₅ 变化的原因"被接受。结论表明，G – L₅ 是外商直接投资变化的原因。函数形式为：

$$Log(FDI) = 9.437843 + 4.004349 \times Log(G - L_5) \qquad (6.6)$$

根据已得函数，可以看出，SITC5 类制成品产业内贸易水平的提高有利于外商直接投资的增加。

根据表 6 – 18 可知，原假设"G – L₆ 不是外商直接投资变化的原因"被接受，但原假设"外商直接投资不是 G – L₅ 变化的原因"被拒绝。结论表明，外商直接投资是 G – L₆ 变化的原因。函数形式为：

$$Log(G - L_6) = 0.020357 - 0.119337 \times Log(FDI) \qquad (6.7)$$

根据已得函数（6.7），可以看出，外商直接投资规模的扩大不利于 SITC6 类制成品产业内贸易水平的提高。

根据表 6 – 19 可知，原假设"G – L₇ 不是外商直接投资变化的原因"被接受，但原假设"外商直接投资不是 G – L₇ 变化的原因"被拒绝。结论表明，外商直接投资是 G – L₇ 变化的原因。以函数形式体现为：

$$Log(G - L_7) = -2.026207 + 0.206554 \times Log(FDI) \qquad (6.8)$$

根据已得函数（6.8）可以看出，外商直接投资规模的扩大对 SITC7 类制成品产业内贸易有促进作用。

根据表 6 – 20 可知，原假设"G – L₈ 不是外商直接投资变化的原因"被接受，但原假设"外商直接投资不是 G – L₇ 变化的原因"被接受。结果表明，外商直接投资与 SITC8 类制成品产业内贸易变化无明显的因果关系。

综合以上外商直接投资变量与 SITC5 ~ SITC8 的 G – L 指数的 4 个检验，本书得出：外商直接投资规模的扩大会对资本或技术密集型产业内贸易水平的提高产生促进作用，资本或技术密集型产业也是外商直接投资的主要方向，这对中国产业结构的优化升级是有积极意义的。而劳动密集型产业内贸易与外商直接投资呈现出较为明显的负向关系，表明外商直接投资会对中国劳动密集型产业内贸易发展产生抑制作用。从另一个角度看，资本是为了最大程度地获取利润，因此外商直接投资的最主要方向集中于资本密集型产业，而不是劳动密集型产业。通过以上检验发现，SITC5 工业制成品产业内贸易水平的提高有助于促进外商直接投资的发展。

（二）SITC5 ~ SITC8 的 G – L 指数与工业规模经济的 Granger 因果关系检验

因果关系检验前，同样首先运用 ADF 单位根检验法对时间序列的平稳性进行检验，检验结果如表 6 – 21 所示。

表 6 – 21　　　　　工业规模经济和 SITC5 ~ SITC8 的
G – L 指数单位根检验结果

变量	检验类型 （C，T，t）	ADF 检验 统计值	临界值			结论
			1%	5%	10%	
SCALE	（C，N，0）	– 1.646525	– 3.808546	– 3.020686	– 2.650413	非平稳
Ln（SCALE）	（C，N，1）	– 9.230861	– 3.831511	– 3.029970	– 2.655194	平稳
G – L$_5$	（C，N，0）	– 0.697066	– 3.808546	– 3.020686	– 2.650413	非平稳
ΔLn（G – L$_5$）	（C，N，1）	– 3.967740	– 3.831511	– 3.029970	– 2.655194	平稳
G – L$_6$	（C，N，0）	0.006837	– 3.808546	– 3.020686	– 2.650413	非平稳
ΔLn（G – L$_6$）	（C，N，1）	– 3.699883	– 3.831511	– 3.029970	– 2.655194	平稳
G – L$_7$	（C，N，0）	– 1.000035	– 3.808546	– 3.020686	– 2.650413	非平稳
ΔLn（G – L$_7$）	（C，N，1）	– 4.831144	– 3.831511	– 3.029970	– 2.655194	平稳
G – L$_8$	（C，N，0）	– 1.479357	– 3.831511	– 3.029970	– 2.655194	非平稳
ΔLn（G – L$_8$）	（C，N，1）	– 4.181610	– 3.831511	– 3.029970	– 2.655194	平稳

注：检验类型中，C 表示常数项，T 表示趋势项，t 表示最优滞后期；N 为无趋势项；t 的选择是根据 SIC 原则。

在上述时间序列通过平稳性检验后，再利用 Eviews7.2 进行

SITC5 ~ SITC8 的 G - L 指数与规模经济的 Granger 因果关系检验，检验结果如表 6 - 22、表 6 - 23、表 6 - 24 和表 6 - 25 所示。

表 6 - 22   **SITC5 的 G - L 指数与规模经济的**
Granger 因果关系检验

Pairwise Granger Causality Tests			
Sample：1992 - 2012			
Lags：2			
Null Hypothesis：	Obs	F-Statistic	Prob.
SCALE does not Granger Cause G - L_5	19	1. 88273	0. 1887
G - L_5 does not Granger Cause SCALE		0. 93738	0. 4149

资料来源：由 Eviews7. 2 得出。

表 6 - 23   **SITC6 的 G - L 指数与规模经济的**
Granger 因果关系检验

Pairwise Granger Causality Tests			
Sample：1992 - 2012			
Lags：2			
Null Hypothesis：	Obs	F-Statistic	Prob.
SCALE does not Granger Cause G - L_6	19	4. 80488	0. 0258
G - L_6 does not Granger Cause SCALE		1. 12689	0. 3517

资料来源：由 Eviews7. 2 得出。

表 6 - 24   **SITC7 的 G - L 指数与规模经济的**
Granger 因果关系检验

Pairwise Granger Causality Tests			
Sample：1992 - 2012			
Lags：2			
Null Hypothesis：	Obs	F-Statistic	Prob.
SCALE does not Granger Cause G - L_7	19	4. 49269	0. 0311
G - L_7 does not Granger Cause SCALE		0. 87140	0. 4399

资料来源：由 Eviews7. 2 得出。

表 6 – 25   SITC8 的 G – L 指数与规模经济的
                   Granger 因果关系检验

Pairwise Granger Causality Tests			
Sample：1992 – 2012			
Lags：2			
Null Hypothesis：	Obs	F-Statistic	Prob.
SCALE does not Granger Cause G – L$_8$	19	4.41160	0.0327
G – L$_8$ does not Granger Cause SCALE		1.14527	0.3462

资料来源：由 Eviews7.2 得出。

根据表 6 – 22 可知，原假设"规模经济不是 G – L$_5$ 变化的原因"被接受，原假设"G – L$_5$ 不是规模经济变化的原因"被接受。结论表明，中国规模经济水平的提高与 SITC5 类产业内贸易水平的提高并无明显的因果关系。

根据表 6 – 23 可知，原假设"规模经济不是 G – L$_6$ 变化的原因"被拒绝，原假设"G – L$_6$ 不是规模经济变化的原因"被接受。结论表明，中国规模经济水平的变化是 SITC6 类产业内贸易水平的变化的原因。以函数形式体现为：

$$Log(G – L_6) = -0.780191 - 0.063509 \times Log(SCALE) \qquad (6.9)$$

根据上述函数可以看出，工业规模经济水平的提高并不利于 SITC6 类制成品产业内贸易水平的发展。

根据表 6 – 24 可知，原假设"规模经济不是 G – L$_7$ 变化的原因"被拒绝，原假设"G – L$_7$ 不是规模经济变化的原因"被接受。结论表明，中国规模经济水平的的变化是 SITC7 类产业内贸易水平的变化的原因。以函数形式体现为：

$$Log(G – L_7) = -0.273482 + 0.805078 \times Log(SCALE) \qquad (6.10)$$

根据上述函数可以看出，工业规模经济水平的提高会对 SITC7 类制成品产业内贸易水平的提高有比较明显的推进作用。

根据表 6 - 25 可知，原假设"规模经济不是 $G - L_8$ 变化的原因"被拒绝，原假设"$G - L_7$ 不是规模经济变化的原因"被接受。结论表明，中国规模经济水平的变化是 SITC8 类产业内贸易水平的变化的原因。以函数形式体现为：

$$Log(G - L_8) = -1.236020 - 0.346149 \times Log(SCALE) \qquad (6.11)$$

根据上述函数可以得出，工业规模经济水平的提高并不利于 SITC8 类制成品产业内贸易水平的发展。

通过上述 4 个检验可得知，工业规模经济水平的提高对资本密集型产业产业内贸易水平的提高具有一定的促进作用，尤其对 SITC7 密集使用资本的产业有最明显的推动作用。而抑制了劳动密集型产业产业内贸易水平的提高。中国在 SITC7 机械与运输设备制造中，规模经济水平已经在很大程度上促进该类产业内贸易大发展。而在劳动密集型产业中，一味地追求规模扩大从而通过降低工资以控制成本的方法遭遇了比较严峻的挑战。

（三）产业层面因果关系检验结果与前人成果的比较

关于外商直接投资与产业内贸易的关系，国外学者得出了外商直接投资与产业内贸易水平显著负相关或对外直接投资对于产业内贸易具有促进作用两种结论。例如，Caves（1981）使用 SITC 三位数层面上的数据，对 1970 年 13 个工业化国家 94 个产业的产业内贸易决定因素进行检验，发现外商直接投资与产业内贸易水平显著负相关。Fontagné 和 Freudenberg（1997）利用 1980 ~ 1994 年的数据对欧共体内部水平型产业内贸易与垂直型产业内贸易的影响因素进行研究时发现，对外直接投资对水平型产业内贸易于垂直型产业内贸易的提高都有促进作用。关于外商直接投资与产业内贸易的关系，而中国学者却得出了外商直接投资对于产业内贸易的发展具有一定的负效应或与中国产业内贸易负相关等几乎一致的结论，如马剑飞、朱红磊和许罗丹（2002）认为，外商直接投资对于产业内贸易的发展具有一定的负效应；陈讯、李维和王珍（2004）认为中国外资引入对产业内贸易的发展有明显的阻碍作用；廖翼和兰勇（2009）在中国制造业内贸易影响因素实证研究中，得出结论，外国直接投资与中国产业内贸易负相关。

关于外商直接投资与产业内贸易的关系，本书检验的结果是：在 SITC5 产业中，中国工业制成品产业内贸易水平的提高有助于促进外商直接投资的发展；在 SITC7 产业中，外商直接投资的增加也有助于工业制成品产业内贸易水平的提升；而在 SITC6 产业中，外商直接投资的增加会抑制工业制成品产业内贸易水平的提升。关于外商直接投资与产业内贸易的关系，本书的检验结论与国外学者一致，得出了外商直接投资与产业内贸易水平显著负相关或对外直接投资对于产业内贸易具有促进作用两种结论。

关于规模经济与中国产业内贸易的关系，国外学者得出了规模经济与产业内贸易呈显著负相关或呈显著正相关两种相反的结论，如 Greenaway、Robert 和 Milner（1984）检验了英国 68 个行业和 37 个子行业产业内贸易的决定因素，发现规模经济与产业内贸易的发展水平呈显著负相关。Locrstscher 和 Wolter（1980）用 SITC 三位数对经合组织 13 国产业内贸易的贸易进行了国家特征因素与产业特征因素的检验，分析结果表明，规模经济与产业内贸易具有明显的负相关关系；但是，Toh 利用 SITC 四位数对美国 1970～1971 年 112 个制造业产业内贸易决定因素进行检验时，却发现产品差异、规模经济等呈显著正相关。此外，Lundberg（1982）、Fontagné（1997）等人的研究也得出了规模经济等呈显著正相关的结论，等等。关于规模经济与中国产业内贸易的关系，而中国绝大多数学者得出了不相关或没有显著影响的结论。如徐娅玮（2001）认为，规模经济对中国产业内贸易影响不大，表明中国的许多企业可能尚未达到规模经济收益递增阶段，处于规模太小个或者是规模不经济状态；马剑飞、朱红磊和许罗丹（2002）运用 1999 年和 2000 年中国跨部门横切面数据进行加权回归分析后认为规模经济因素对中国产业内贸易没有显著影响；廖长友（2004）以中国制造业为研究对象，通过建立计量模型，得出的结论是规模经济水平与产业内贸易水平之间没有显著的相关性；陈伟和杨柳（2006）认为规模经济不是促进中国产业内贸易的重要因素；廖翼和兰勇（2009）在中国制造业内贸易影响因素实证研究中得出结论，规模经济与中国产业内贸易负相关；中国学者只有陈讯，李维和王珍（2004）得出了规模经济对于产业内贸易显示了较好的正相关性的结论。

关于规模经济与中国产业内贸易的关系，本书的检验结论与部分国外学者的研究结论相同。

本章分析的是工业制成品产业内贸易的影响因素问题。鉴于中国经济及对外贸易发展的实际，考虑到数据的可获得性，本章选取人均 GDP 水平、贸易不平衡程度、工业规模经济水平和外商直接投资 4 个变量，建立计量模型进行了回归分析与因果关系检验。回归分析的结论是人均 GDP 水平、工业规模经济程度、外商直接投资和贸易不平衡 4 个变量对中国工业制成品产业内贸易的影响与预期相符，其中人均 GDP 水平、工业规模经济程度、外商直接投资对于中国工业制成品产业内贸易具有正向的促进作用。比较而言，人均 GDP 水平和工业规模经济程度两个变量比外商直接投资变量作用显著。贸易不平衡程度变量则在一定程度上抑制了中国制成品产业内贸易的发展。在 Granger 因果关系检验中，分别对 SITC5 ~ SITC8 4 个产业进行了检验，并就本书的检验结果与国内外学者已有的成果进行了比较。比较结果是：本书的检验结果与国外学者的研究结论基本一致。

第七章　结论与对策建议

本书研究中，将中国工业制成品产业内贸易发展置入战后世界贸易自由化经济一体化以及中国改革开放三十多年来对外贸易高速发展的大背景中，并得出了结论。本章将针对中国工业制成品产业内贸易发展的实际，提出中国发展工业制成品产业内贸易的对策建议。

第一节　结　　论

改革开放尤其是 1992 年以来，中国工业制成品贸易保持了稳步的增长，在中国对外贸易商品结构中，工业制成品贸易额始终占对外贸易总额的 80% 以上。其中，技术或资本密集型产业进出口尤其是出口增长迅速，中国制成品产业结构得到优化，工业化发展水平得到提升，这与中国经济发展和产业结构升级方向是一致的。

1992~2012 年，中国制造业贸易格局发生变化，产业内贸易与产业间贸易并存，制成品产业内贸易指数整体呈稳步上升趋势，技术或资本密集型产业内贸易指数（SITC5 和 SITC7 的 G－L 指数）升高趋势明显，劳动密集型产业内贸易指数整体上出现了小幅的滑落，表明中国劳动密集型产业的优势正在减弱，但中国制成品产业内贸易发展整体水平还不高；中国工业制成品边际产业内贸易指数整体上呈上升趋势，尤其是 2000 年以后上升趋势明显，技术或资本密集型产业增加的贸易增量以产业内贸易为主，劳动密集型产业增加的贸易量以产业间贸易为主，制成品产业内贸易发展不平衡。中国制成品产业内贸易发展水平相对较高的技术或资本密集型产业在国际市场上的竞争力并不高，出口商品技术含量整体偏低是外贸竞争力总体水平较低的症结所在；在国际市场上相对具有较高竞争力的劳动密集型产品尽管仍然具有比较优势，但这种优势已呈现走弱趋势。

从中国工业制成品产业内贸易的国别看，中美、中俄之间制成品贸易以产业间贸易为主，中美间工业制成品产业内贸易是基于比较优势建立起来的，中俄间产业内贸易处于发展的初级阶段，发展水平偏低。中欧制成品贸易主要形式表现为产业内贸易，在欧盟内部各个国家与中国制成品产业内贸易的发展情况不平衡。中欧制成品产业内贸易整体水平高于中美，却低于与中国具有区位优势的日本、韩国等东亚国家。中国与主要贸易伙伴国发展制成品产业内贸易的市场空间广阔。

从中国工业制成品产业内贸易的类型看，水平型产业内贸易所占的比重相对较低，不及产业内贸易的1/3，在垂直产业内贸易中，上垂直型产业内贸易所占比例微乎其微，工业制成品产业内贸易基本上是通过下垂直产业内贸易的模式实现的，中国工业制成品主要是依靠丰富的劳动力资源和生产成本低廉的优势参与国际分工，在整个国际生产体系中处于低端，在国际贸易中的收益不大，这种差距主要是由技术水平差距决定的。

通过对中国工业制成品产业贸易指数与国内生产总值间相关关系的协整检验证明中国工业制成品产业内贸易指数与中国经济增长之间存在着长期平稳的协整关系，通过 Granger 因果检验也表明中国制成品产业内贸易发展与经济增长之间存在显著的因果关系。因此，工业制成品产业贸易的发展是中国经济增长的原因之一，这与理论预期是一致的，为中国发展工业制成品产业内贸易提供了有力的依据。

关于中国工业制成品产业内贸易的影响因素，通过实证分析得出：人均 GDP 水平和工业规模经济程度 2 个变量对于提高中国工业制成品产业内贸易具有较为明显的促进作用，外商直接投资变量对于 G-L 指数虽然有一定的促进作用，只是程度较小，而对外贸易不平衡程度因素则在一定程度上抑制了中国产业内贸易的进一步发展。

1992~2012 年，尽管中国制成品产业内贸易指数整体呈稳步上升趋势，但产业内贸易发展水平并不高；制成品产业内贸易发展不平衡；产业内贸易发展的基础不牢；工业制成品产业内贸易基本上是通过下垂直模式实现的，表明中国主要依靠丰富的劳动力资源和生产成本低廉的优势参与国际分工，在整个国际生产体系中处于低端。

发达国家制造业产业内贸易发展是沿着从产业间贸易到垂直型产业内贸易再到水平型产业内贸易的过程演进的。中国工业制成品产业内贸易发展尚处于初级阶段，中国工业制成品产业内贸易的发展任重而道远。

第二节　对策建议

发展中国工业制成品产业内贸易必须充分考虑到所面临的国际、国内经济环境。经济一体化，世界经济发展失衡、全球贸易保护主义抬头、贸易竞争加剧，这是中国发展工业制成品贸易所面临的复杂多变的国际经济环境。改革开放尤其是加入 WTO 以后，中国经济以前所未有的速度融入国际分工体系。中国对外贸易一直保持着高速发展态势，贸易规模不断扩大，在世界贸易中的地位不断提升；由于国际收支严重不平衡等因素的影响，1994 年以来中国一直保持贸易顺差，加入 WTO 以后贸易顺差规模呈现出加速扩大趋势，加剧了贸易摩擦，使中国已成为遭到反倾销投诉最多的国家之一；随着产业结构的调整，劳动力的禀赋优势在逐步削弱，中国对外贸易出口增长潜力不大，贸易竞争力难有显著提升，贸易优势相对有限，不利于长期发展，这是中国发展工业制成品贸易所面临的国内经济环境。

战后经济全球化与科技进步使国家间的经济联系日益紧密，每个国家都成为整个国际分工体系中不可或缺的链条。半个多世纪后的今天，经济全球化的趋势愈演愈烈，科学技术发展的浪潮方兴未艾，作为最大的发展中国家，中国只有积极融入经济一体化进程之中，广泛参加国际分工与区域经济合作，才能在国际市场竞争中立于不败。

制造业产业内贸易是自然演进的结果，同时又深受一国贸易经济政策的影响。市场机制在资源配置方面的基础作用是不可替代的，但市场不是万能的。政府在市场经济中的宏观调控，表现在两个方面：一是要为市场机制的正常运转创造条件；二是要在市场机制失效时进行调节。美国经济学家 Krugman，P. R. 曾说过：我过去是个谨慎的不干预者。如今，我已改变了立场，成为一个谨慎的干预者。现在我主张采取温和的产业政策。建立在不完全竞争市场与规模经济基础之上的产业内贸易理论为政府干预贸易提供了理论依据。

因此，中国发展工业制成品产业内贸易的基本思路是：在遵循世界产业内贸易发展规律的前提下，积极发展垂直型产业内贸易，着力提升水平型产业内贸易水平，优化产业结构，提高产品的科技含量，扩大产品的差异性，发展规模经济，发挥政府与产业两个层面的作用，为制成品产业内贸易的发展营造良好的基础环境，走有中国特色的工业制成品产业内贸易的发展道路。

一、政府层面的对策建议

本书研究中发现，中国工业制成品产业内贸易中，水平型产业内贸易所占的比重相对较低，不及产业内贸易的 1/3，而在垂直产业内贸易中，上垂直型产业内贸易所占比例微乎其微。劳动密集型产业水平型产业内贸易发展水平、上垂直型产业内贸易发展水平远高于技术或资本密集型的产业，表明中国工业制成品主要是通过参与国际垂直产业分工来开展产业内贸易，即主要依靠丰富的劳动力资源和生产成本低廉的优势参与国际分工，在整个国际生产体系中处于低端。积极发展制成品垂直型产业内贸易，着力提升制成品水平型产业内贸易水平是中国工业制成品产业内贸易的发展方向。中国发展工业制成品产业内贸易，必须优化制造业产业结构。政府要发挥扶植、鼓励、引导作用，扶持高新技术产业贸易的发展，鼓励改造传统的劳动密集型产业，正确引导外商投资投向，鼓励对外直接投资，实现利用外资和对外投资并重，同时，要采取有效措施，逐步消减贸易顺差，减少贸易摩擦与争端，为制成品产业内贸易的发展营造良好的环境。

（一）扶植高新技术产业的发展

科技是产业持续发展的驱动力。只有科技进步，才能真正改善中国的产业结构。为此，要积极发展高新技术产业，坚持科技创新与科技引进两手抓。政府应从产业发展的战略性高度，扶持高新技术产业发展，使高新技术产业在较高的起点上，发展水平型产业内贸易，直接获取竞争利益。为此，政府应积极打造高新技术产业发展平台，建立健全相关的配套政策法规，为高新技术产业发展营造良好的环境。积极促进具有高技术含量与高附加值的大型成套设备、石化和通信电子等机电产品和高新产品出口，使其成为出口支柱产业，引导社会资金、资源投资于高新技术产业，降低投资的风险，利用财税优惠、出口信贷以及出口信贷的国家担保、WTO框架下允许的出口补贴等政策鼓励企业发展高新技术产业，逐步实现高技术产品的进口替代，不断扩大高新技术产品的出口贸易，获取竞争利益；由于技术引进能够节约研发时间，迅速缩小与发达国家的技术差距，为此，中国还应扩大高新技术的进口，优化进口结构，政府应该通过减免税收，简化进口审批与流程，消除进口中的贸易壁垒等，鼓励企业扩大技术含量高、原创成分高的技术产品和关键零部件等的进口，鼓励企业引进专利技术、专有技术。技术引进不是终极目的，政府还应制定政策，鼓励企业在消化吸收引进技术的基础进行改进与创新，培养企业的自主创新能力与核心竞争力，以形成发展中国家的"后发优势"。

（二）鼓励传统劳动密集型产业的改造

发展高新技术产业并不意味着要放弃中国传统的劳动密集型产业。劳动密集型产业作为中国传统的优势产业，在国际市场上相对具有较高竞争力，而且这种优势还将在一定时期内长期存在。据世界银行估计，直到 2020 年中国的比较优势仍在于廉价的劳动力。为此，政府要一方面要鼓励对企业传统产业进行技术改造，利用市场机制淘汰落后工艺技术和设备，提高资源综合利用效率；另一方面出台支持企业技术改造的政策，鼓励企业利用新技术、新材料、新工艺改造传统产业，对传统产品进行深加工、精加工、细加工，促进传统产品向多功能、高技术含量、高附加值的产品转换，全方位提高产品的质量，形成的产品差异化，满足不同消费者的需求，不断提高中国产品在国际市场的竞争力与份额。由于加工贸易是建立在中国低廉劳动力成本基础上的，优化中国制造业的产业结构另一方面要促进加工贸易的升级。政府要不断完善技术标准与加工贸易政策调整方案，加强对现有加工贸易的"存量"的监管，并结合市场机制，将不符合条件的加工贸易企业逐步淘汰出局；严格控制"增量"，鼓励中国公司加入到跨国公司的全球生产链条中，不断提高承接产业转移能力，鼓励发展配套产业，创造一切条件使产业链"上伸下延"，逐步提高产品的国内增加值，推进中国传统的劳动密集型产品由下垂直型产业内贸易向上垂直型产业内贸易的方向发展，以获取比较利益，进而提高中国产业内贸易的层次。

（三）正确引导外资投向

外商投资不仅解决了发展中国家资本要素缺乏的问题，更重要的是带来的技术外溢效应，即对于东道国相关产业或企业的产品开发技术、生产技术、管理技术、营销技术等产生的提升效应。本书研究中发现外商直接投资的增加也有助于工业制成品产业内贸易水平的提升。中国政府应在积极吸引外商投资的基础上，结合中国的实际，引导外资的投向。对外资投向成熟的劳动密集型产业给予一定的限制，通过税收减免、投资补贴等政策，引导外资更多投向高新技术、先进制造业等技术含量较高、产品差异化程度高的产业，投向关键技术、核心技术的生产环节。引导外资投资从市场导向型向出口导向型转变，鼓励和吸引外资进行技术出口。在取得技术外溢效应的同时，通过利用外资调整中国的产业结构，提高中国工业制成品产业内贸易水平与层次，进而提高工业制成品对外贸易竞争力。短期内以吸收外商垂直一体化投资为目标，但是应将外商水平一体化投资确定为发展方向。

（四）鼓励对外直接投资

中国要充分利用新一轮的世界产业结构调整与产业转移的有利时机，按照市场导向和企业自主决策原则，鼓励企业应该走出国门。引导中国企业开展境外投资，鼓励制造业优势企业有效对外投资。鼓励中国有实力的企业向发展中国家，并进一步向发达国家进行投资经营，将一些垂直型分工型贸易转移到地理和成本优势更突出的亚非拉等发展中国家，同时与经济发展水平和需求偏好形似的发展中国家如俄罗斯发展水平型产业内贸易，提高中国技术密集型产业的生产能力与出口能力，提高对外贸易竞争力。

二、产业层面的对策建议

规模经济、产品差异性和需求偏好多样性被称为产业内贸易理论的三大支柱。产品差异性是产业内贸易的基础，从消费者的角度解释产业内贸易的成因；规模经济是产业内贸易的利益来源，从生产者的角度解释了产业内贸易的成因。

本书研究中发现，1992 年以来，中国工业制成品产业内贸易整体水平虽呈稳步升高态势，但是工业制成品产业内贸易整体水平不高，并且制成品内部产业内贸易发展不平衡。国外学者在检验规模经济对于产业内贸易的影响时，得出了规模经济与产业内贸易呈显著正相关或呈显著负相关两种结论。而中国绝大多数学者在检验中，得出了不相关或没有显著影响的结论，本书在检验中得出了产业内贸易与中国经济规模的变化并无明显因果关系的结论。理论预期与实证检验并不完全一致，数据的选取、检验方法都可能影响结果的形成。更重要的是，规模经济对中国产业内贸易影响不大，表明中国的许多企业可能尚未达到规模经济收益递增阶段，处于规模太小个或者是规模不经济状态。为此，扩大产品的差异性，发展规模经济，是提高中国制造业产业内贸易水平，提高在国际市场竞争力的重要途径。

（一）打造品牌——扩大产品的差异化

产业内贸易以产品差异化为基础，而这种差异不仅体现在质量、款式、功能上，还体现在信誉、营销方式及售后服务等许多方面。这种差异即可能表现有形的、具体的，如商标、颜色、款式等；又可能表现为无形的、抽象的，如品牌、信誉等。产业内贸易需要贸易的双方的异质产品具有自主品牌，尤其是水平型产业内贸易主要发生在经济发展水平相似、人均收入相似的国家间，水平型差异的产品质量相同或相似，品牌差异是形成产品异质的最重要的因素。品牌包括但不限于商标、商号及"专用技术"，因此被归入知识产权的类别。品牌不只体现在特定商品身上的实用价值，更重要的是品牌所包含的人文意义，对大众的思想意识、生活方式、文化习俗等产生重要的影响。品牌不仅是企业无形的资产，能给企业带来直接的和长远的经济效益，而且是社会的精神文化财富。企业培育自己的品牌，可以提高产品的品质和声誉，增加产品的附加值，扩大产品的出口额，从而获取超额利润。品牌本身所具有的个性和文化性，使得其在不同消费水平和消费偏好的国家中都能拥有一定的消费群体，因此即使资源禀赋相似的国家之间开展产业内贸易也会获得贸易利益。通过品牌效应来扩大企业在国际市场上的影响力和竞争力，是现代企业占领国际市场份额的最有效的方式之一。

品牌的多少是一个国家产品竞争力的象征，也是一个国家经济优势和综合实力的体现。2008 年 9 月 19 日，2009 年 9 月 18 日，在美国《商业周刊》和综合性品牌管理顾问公司 Interbrand 联合连续两年发布的年度"全球最佳品牌排行榜"中，中国品牌仍无一上榜，而两年中，美国品牌均占一半之强。庞大的制造能力，没有把中国打造世界的工厂，而退之成为世界的加工厂，正是由于缺少自主品牌与核心技术。

中国制成品要提高产业内贸易水平，扩大产品的差异化，就应采取多种有效方式实施品牌发展战略：一是即通过培育品牌，在不同的细分市场中寻找新的差异优势的组合。每个产业都应该举全产业之力培育品牌，不断强化企业的品牌意识，发挥企业培育的品牌的积极性，同时努力争取政府的政策扶植。国外成熟品牌的培育是往往是经过几十年甚至几代人的努力，在品牌的培育上不可急功近利。不仅要投入资金、时间，还要投入智慧、策略、文化甚至投入民族精神，锲而不舍，坚持不懈，只有这样，才能培育出自己的品牌；二是与世界知名品牌合作，建立一种关联销售方式以树立自己的品牌；三是通过收购世界知名品牌的方式，节约在品牌扩展上所需投入的巨大财力和精力。建立在廉价资源基础上的中国工业制成品贸易的发展，以资源代价换取了商品的价格优势，贸易竞争力难有提升。只有通过打造品牌，增加产品的差异性，才能增强产业的竞争力，获取产业内贸易的更大利益。

（二）整合市场——发展规模经济

规模生产即在长期平均成本处于下降处生产，对生产厂商而言，意味着生产成本下降、技术进步和生产率提高。当某一产业达到规模化生产的时候，产品价格下降导致规模报酬递增效应，不仅促进了产业的扩张，而且使生产趋于集中，分布趋向合理。中国长期的条块分割、地方保护问题，使制造业内缺少具有垄断地位的大型企业集团，企业众多，规模不大，市场集中程度低，竞争无序，没有形成的统一规范国内市场，难以收到规模经济的效果。

中国制造业要提高产业内贸易的水平，实施规模经济战略，一是从源头抓起，严格控制"增量"，完善市场的准入制度，建立规范市场准入的长效机制，对于申请入门的企业进行严格审查，避免盲目扩张与低水平重复建设，造成资源浪费。二是对现有制造业的"存量"进行整合，对于生产技术、设备落后、高污染、高消耗企业，利用市场机制进行淘汰；鼓励有实力的企业集团进行兼并重组，打破地区、地域的限制，优化资源配置；优化企业结构，完善分工与专业化生产，加强企业间的分工与合作，提高产业集中度，并鼓励产业集聚，规范市场秩序，形成统一的国内市场，积极参与国际分工，取得政府的支持，形成合力，妥善应对贸易摩擦，共同应对国外的反倾销、反垄断调查。

从发达国家制造业产业内贸易发展的规律看，制造业的发展轨迹是沿着从产业间贸易到垂直型产业内贸易再到水平型产业内贸易的过程演进的。为此，本书提出的中国发展工业制成品产业内贸易的建议同样适用于发展中国家。

附　录

表1　　　　　　　　国际贸易标准分类 SITC（Rev. 3. 0）

大类编号	类别名称	大类编号	类别名称
0	食品及主要供食用的活动物	5	未列名化学品及有关产品
1	饮料及烟草	6	主要按原料分类的制成品
2	燃料以外的非食用粗原料	7	机械及运输设备
3	矿物燃料、润滑油有关原料	8	杂项制品
4	动植物油脂	9	没有分类的其他商品

表2　　　　　　　国际贸易标准分类 SITC（REV. 3. 0）
三位数全部产品明细表

产品目录		产品范围及名称
SITC5：化学制品及相关产品	511	碳氢化合物及其卤化、磺化、硝化或亚硝化衍生物，不作说明
	512	醇、酚、酚醇及其卤化、磺化、硝化或亚硝化衍生物等
	513	羧酸及其卤化、磺化、硝化或亚硝化衍生物
	514	氮化合物
	515	有机、无机化合物
	516	其他有机化学制品
	522	无机化学元素，氧化物及卤化盐
	523	金属、盐类和无机酸
	524	其他无机化学物
	525	放射性材料及相关材料等

产品目录		产品范围及名称
SITC5：化学制品及相关产品	531	合成有机色素和颜色等
	532	印染、制革材料
	533	颜料、油漆及相关材料等
	541	药品（除542组以外）
	542	药品（包括兽医药品）
	551	精油、香水和味道材料
	553	香料、化妆品等
	554	肥皂、清洗剂和抛光剂等
	562	化肥（除272组以外）
	571	乙烯聚合物
	572	苯乙烯聚合物
	573	氯乙烯聚合物或其他卤化烯烃
	574	胺、聚醚、环氧等树脂，聚碳酸酯
	575	其他塑胶的初级形态
	579	塑料废料、碎料
	581	塑料管、硬管、软管
	582	塑料板、片等
	583	塑料单纤维丝
	591	杀虫剂等
	592	淀粉、菊粉等
	593	炸药及烟火制品
	597	添加剂、流体
	598	杂化工产品，不作说明

产品目录		产品范围及名称
	611	皮革制品
	612	皮革或皮革制品等，不作说明
	613	毛皮、鞣革、剥皮
	621	橡胶材料
	625	橡胶轮胎、管子
	629	橡胶物品，不作说明
	633	软木制品
	634	单板、胶合板等，不作说明
	635	木制品、不作说明
	641	纸及纸板
	642	纸、纸板、切纸等
SITC6：按原材料划分的制成品	651	纺织纱线
	652	棉织物、机织物
	653	纺织、人造纤维制品
	654	其他纺织品、机织物
	655	针织或钩编织物，不作说明
	656	薄纱、花边、缎带等
	657	专用纱线、织物
	658	纺织制品，不作说明
	659	地板覆盖物等
	661	石灰、水泥、建筑材料制造
	662	粘土建筑材料及耐火建筑材料
	663	矿物制品，不作说明
	664	玻璃
	665	玻璃器皿
	666	陶器

产品目录		产品范围及名称
	667	珍珠、宝石
	671	生铁、粉末、铁合金等
	672	工业纯铁、钢或铁
	673	平轧制品铁等
	674	平轧制品镀铁
	675	平轧制品、合金钢
	676	棒状铁、钢以及各种形状等
	677	铁轨、钢轨
	678	铁线、钢线
	679	各种铁管、钢管
	681	银、铂等金属
SITC6：按原材料划分的制成品	682	铜
	683	镍
	684	铝
	685	铅
	686	锌
	687	锡
	689	混合非铁贱金属
	691	金属构造物，不作说明
	692	金属容器贮存或运输
	693	钢丝制品（绝缘电线除外）
	694	钉，螺丝，螺母等
	695	工具
	696	餐具
	697	家用器材，不作说明
	699	贱金属制品，不作说明

续表

产品目录		产品范围及名称
SITC7：机械与运输设备	711	蒸汽发电或其他蒸汽锅炉等
	712	蒸汽涡轮机
	713	内燃活塞引擎
	714	发动机及马达，非电力发动机和电动机
	716	旋转电气设备
	718	其他能源发电设备
	721	农业机械（不含拖拉机）
	722	拖拉机
	723	土木工程机械设备
	724	纺织、皮革机械
	725	造纸厂及纸浆厂机械
	726	印刷、装机械及其零件
	727	食品加工机械（不含国内）及其零件
	728	其他个别工业专用机械及设备及其零件
	731	机床金属或其他物质清除工作
	733	机床使用工具，金属工作工具
	735	适合机床使用的配件，不作说明
	737	金工机械（机床除外），不作说明
	741	加热和冷却设备及其零件
	742	液体泵，零部件
	743	泵（液体泵除外），不作说明
	744	机械搬运设备，及其零件
	745	非电动机械、工具及机械器具，及其零件，不作说明
	746	球或滚子轴承
	747	水龙头、阀门和类似装置
	748	传动轴等链条连接、零件

续表

产品目录		产品范围及名称
SITC7：机械与运输设备	749	非电力机械零件及配件等
	751	办公室机器
	752	自动数据处理机器
	759	适合使用于办公室机器的零配件
	761	电视接收器等
	762	无线电广播接收器
	763	音响录音机、复制机
	764	电信设备、零部件，不作说明
	771	电力机械及其零件
	772	电器开关、继电器，电气线路
	773	设备分配电力，不作说明
	774	电学仪器医疗、放射性仪器
	775	户型电器和非电器设备
	776	晶体管、阀等
	778	电气机械及器材，不作说明
	781	汽车及其他车辆，公共汽车除外
	782	车辆、货物运输专用汽车
	783	马路机动车，不作说明
	784	拖拉机、发动机等汽车零件及配件
	785	自行车、摩托车等
	786	拖车及半拖车等
	791	铁道车辆及相关设备
	792	航行器，太空船及相关设备
	793	船、艇及浮动船

产品目录		产品范围及名称
	811	预制建筑物
	812	管道和取暖装修材料等
	813	照明设备及配件，不作说明
	821	家具、垫子等
	831	大衣箱、行李箱、袋子等
	841	男装或男童大衣
	842	女式大衣
	843	男装或男童大衣；编织物
	844	女式大衣、纺织物
	845	其他纺织服装，不作说明
	846	衣物配件、纺物
	848	衣物、衣物配件、头罩
SITC8：杂项制品	851	鞋类
	871	光学仪器及器具，不作说明
	872	医学仪器，不作说明
	873	仪表、计算器，不作说明
	874	测量、检验、分析及控制仪器及器具
	881	摄影仪器、设备，不作说明
	882	摄影、电影制品
	883	电影、曝光、冲洗胶卷
	884	光学产品，不作说明
	885	钟表
	891	武器弹药
	892	印刷品
	893	整形外科物品
	894	婴儿车、玩具、游戏及游戏物品

续表

产品目录		产品范围及名称
SITC8： 杂项 制品	895	办公室用品、文具
	896	艺术品、收藏作品及古董
	897	金饰、银饰及珠宝
	898	乐器和零配件等
	899	杂项制品

参考文献

［1］ Verdoorn P. J. The Intra-Block Trade of Benelux, in edited by Robinson E. A. G. Economic Consequences of the Size of Nations ［M］. London: Macmillan, 1960: 291 – 319.

［2］ Balassa B. Tariff Reductions and Trade in Manufactures among the Industrial Countries ［J］. American Economic Review, 1966, 56: 466 – 473.

［3］ Grubel H. , Lloyd P. Intra-Industry Trade: The Theory and Measurement of International Trade in Differentiated Products ［M］. New York: John Wiley & Sons, 1975: 35 – 39.

［4］ Aquino A. Intra-Industry Trade and Inter-industry Specialization as Concurrent Source of International Trade in Manufactures ［J］. Weltwirtschaftlich Archiv, 1978, 144: 278 – 296.

［5］ Hamilton C. , Kniest P. Trade Liberalisation, Structural Adjustment and Intra-Industry Trade: A Note ［J］. Weltwirtschaftlich Archiv, 1991, 127: 356 – 367.

［6］ Brülhart M. Marginal Intra-Industry Trade and Trade-Induced Adjustment: A Surver, Brülhart M. & Hine R. : Intra-Industry Trade and Adjustment: The European Experience ［M］. London: Macxmillian Press Ltd, 1994: 20 – 59.

［7］ Greenaway, Hine, Milner. Vertical and Horizontal Intra-industry Trade: A Cross-Industry Analysis for the United Kingdom ［J］. Economic Journal, 1995, 105: 1505 – 1518.

［8］ Greenaway D. , Hine R. , Milner C. R. Country-Specific Factors and the Pattern of Horizontal and Vertical Intra-Industry Trade in the UK ［J］. Weltwirtschaftliches Archiv/Review of World Economics, 1994, 130 (1): 77 – 100.

［9］ Marius Brülhart. An Account of Global Intra-industry Trade ［J］. The World Economy, 1962 – 2006, 2009 (1): 164.

［10］ Dixit A. , J. Stiglitz. Monopolistic Competition and Optimum Product Diversity ［J］. American Economic Review, 1977, 67 (3): 297 – 308.

［11］ Krugman, Paul R. Increasing Returns, Monopolistic Competition, and International Trade ［J］. Journal of International Economics, 1979, 9 (4): 469 – 479.

［12］ Lancaster, Kelvin. Intra-Industry Trade under Perfect Monopolistic Competition ［J］. Journal of International Economics, 1980, 10 (2): 151 – 175.

［13］ Falvey E. R. Commercial Policy and Intra-industry Trade ［J］. Journal of International Economics, 1981, 11 (4): 495 – 511.

［14］ Falvey R. & Kierzkowski H. Product Quality, Intra-Industry Trade and (Im) Perfect Competition, in Kierzkowski Henryk (Ed.). Protection and Competition in International Trade. Essays in Honor of W. M. Corden ［M］. Oxford: Blackwell, 1987: 143 – 161.

［15］ Brander, James A. and Paul R. Krugman. A ' Reciprocal dumping' Model of International Trade ［J］. Journal of International Economics, 1983, 15 (3 – 4): 313 – 321.

［16］ Brander, J. Intra-Industry Trade in Identical Commodities ［J］. Journal of International Economics, 1981, 11: 1 – 14.

［17］ Linder, S. B. An Essay on Trade and Transformation ［M］. New York: John Wiley, 1961: 15 – 18.

［18］ Helpman, Elhanan. Imperfect Competition and International

Trade: Evidence from Fourteen Industrial Countries [J]. Journal of the Japanese and the International Economies, 1987, 1 (1): 62 – 81.

[19] Bergstrand, Jeffrey H. Measurement and Determinants of In-tra-Industry International Trade [M]. in P. K. Matthew Tharakan (ed.). Intra-Industry Trade: Empirical and Methodological Aspects, Elsevier Science & Technology Books, 1983: 201 – 253.

[20] Caves R. E. Intra-industry Trade and Market Structure in the Industrial Countries [J]. Oxford Economic Paper, 1981, 33 (2): 203 – 223.

[21] Greenaway, David, Chris, Milner. A Cross-Section Analysis of Intra-Industry Trade in the UK [J]. European Economic Review, 1984, 25: 319 – 344.

[22] Hughes K. Intra-Industry Trade in the 1980s: A Panel Study [J]. Welwirtschaftliches Archiv, 1993, 129: 560 – 572.

[23] Loertscher R. , F. Wolter. Determinants of Intra-Industry Trade: Among Countries and Across Industries [J]. Weltwirtschaftli-ches Archiv, 1980, 116: 280 – 293.

[24] Balassa B. , L. Bauwens. Inter-Industry and Intra-Industry Specialization in Manufactured Goods [J]. Review of World Econom-ics/Weltwirtschaftliches Archiv, 1988, 124 (1): 1 – 13.

[25] Balassa B. , and L. Bauwens. The Determinants of Intra-Eu-ropean Trade in Manufactured Goods [J]. European Economic Review, 1988, 32 (7): 1421 – 1437.

[26] Toh K. A cross section analysis of intra-industry trade in U. S. manufacturing industries [J]. Weltwirschaftliches Archiv, 1982, 118: 281 – 288.

[27] Lundberg, L. Intra-Industry Trade: The Case of Sweden [J]. Review of World Economics, 1982, 118 (2): 302 – 316.

[28] Fontagné L. , Freudenberg M. Intra-Industry Trade: Methodological Issues Reconsidered [J]. CEPII Working Paper, 1997, 97 (2): 11 – 17.

[29] Gray P. The theory of international trade among industrial nations [J]. Weltwirchaftliches Archiv, 1980, 116: 447 – 507.

[30] Finger J. Trade overlap and Intra-Industry [J]. Economic Inquiry, 1975, 13 (4): 581 – 589.

[31] Falvey R. Commercial Policy and Intra-Industry Trade [J]. Journal of International Economics, 1981, 11: 495 – 511.

[32] Greenaway A. , Milner C. Effective Protection and Intra-Industry Trade: Some Positive and Normative Issues [J]. Journal of International Studies, 1987, 14: 38 – 53.

[33] Bruno Amable. International specialization and growth [J]. Strucural Change and Economic Dynamics, 2000 (11): 90 – 105.

[34] Krugman, Paul R. Scale Economies, Product differentiation, and the Pattern of Trade [J]. American Economic Review, 1980, 70 (5): 950 – 959.

[35] Krugman, Paul R. Intra-industry Specialisation and the Gains from Trade [J]. Journal of Political Economy, 1981, 89: 959 – 973.

[36] Kishor Sharma, Pattern and Determinants of Intra-Industry Trade in Australian Manufacturing [J]. Australian Economic Review, 2000, 9: 80 – 86.

[37] Fukao K. , Ishido H. , Ito K. Vertical Intra-Industry Trade and Foreign Direct Investment in East Asia? [J]. Journal of the Japanese and International Economies, 2003, 17: 468 – 506.

[38] Brülhart M. R. , Elliott J. R. , Lindley J. Intra-Industry Trade and Labour-Market Adjustment: A Reassessment Using Data on Individual Workers [J]. Review of World Economics/Weltwirtschaftli-

ches Archiv, 2006, 142 (3): 521 –545.

[39] Abd-el-Rahman K. Firms competitive and national comparative advantages as joint determinants of trade composition [J]. Weltwirtschaftliches Archiv, 1991, 127 (1): 83 –97.

[40] Grabiella Berloffa, Maria Luigia Segnana. Trade, inequality and pro-poor growth: Two perspectives, one message? [J]. Department of Economics Working Papers 0408, Department of Economics, University of Trento, Italia. , 2004.

[41] Giuseppe Celi. Empirical Explanation of Vertical and Horizontal Intra-industry Trade in the UK: A Comment-Spiegazioni empiriche del commercio intra-industriale verticale ed orizzontale del Regno Unito: un commento [J]. Economia Internazionale/ International Economics, Camera di Commercio di Genova, 2010, 63 (1): 53 –65.

[42] Kuznets S. Economic Growth and Income Inequality [J]. American Economic Review, 1955, 45 (1): 12 –28.

[43] Dominick Salvatore. International Economics [M]. 北京: 清华大学出版社, 1997 (6): 105 –160.

[44] 石静, 王鹏. 水平和垂直产业内贸易的实证研究: 基于国家特征的视角 [J]. 世界经济研究, 2008 (4): 39 –43.

[45] 亚当·斯密著. 杨敬年译. 国民财富的原因和性质的研究 [M]. 西安: 陕西人民出版社, 2001 (1).

[46] 大卫·李嘉图著. 丰俊功译. 政治经济学及赋税原理 [M]. 北京: 光明日报出版社, 2009 (7).

[47] 贝蒂尔·俄林著. 地区间贸易和国际贸易 (修订版) [M]. 北京: 首都经济贸易大学出版社, 2001 (1).

[48] 塞令香, 孙宏宇. 我国工业制成品的产业内贸易状况 [J]. 大连海事大学学报 (社会科学版), 2008 (6): 47 –49.

[49] 保罗·克鲁格曼. 战略性贸易政策与新国际经济学 [M]. 北京: 中信出版社, 2010 (5).

［50］刘钧霆．中国与东亚经济体制造业产业内贸易研究［M］．北京：经济科学出版社，2007（3）：15－25.

［51］王俊宜，李权．国际贸易［M］．北京：中国发展出版社，2003（4）：54－57.

［52］仇怡．中国工业制成品产业内贸易技术进步效应研究［J］．科学研究，2007（2）：255－260.

［53］张彬，孙孟．中国制造业产业内贸易决定因素实证研究［J］．财贸经济，2009（5）：91－96.

［54］喻志军．产业内贸易研究兼论中国贸易优势重构［M］．北京：企业管理出版社，2009（3）：1－31.

［55］李丽．贸易垂直专业化之研究综述［J］．经济研究导刊，2010（1）：171－173.

［56］李俊．产业内贸易理论及其验证［J］．财贸经济，1998（9）：40－43.

［57］朱刚体，贾继锋．产业内贸易理论评述［J］．国际贸易问题，1985（5）：11－16.

［58］许统生．产业内贸易类型、利益与经济增长［J］．当代财经，2006（7）：79－83.

［59］蒋昭侠．产业组织问题研究——理论·政策·实践［M］．北京：中国经济出版，2007（12）：182－186.

［60］马征．从产业间贸易到产业内贸易：演进机制分析与中国实证研究［D］．浙江大学博士学位论文，2007（11）：31.

［61］王鹏．中国产业内贸易的实证研究［D］．复旦大学博士论文，2007（4）：30－32.

［62］刘志彪，鲁明泓．部门内贸易：动因、形成和中国现状［J］．经济研究，1992（4）：66－73.

［63］苑涛．西方产业内贸易理论述评［J］．经济评论，2003（1）：91－94.

［64］崔娜．产业内贸易的早期理论研究综述［J］．中国商

界，2010（12）：155 – 157.

［65］强永昌. 产业内贸易论——国际贸易最新理论［M］. 上海：复旦大学出版，2002（9）：25 – 50.

［66］李俊. 产业内贸易理论、政策与实践［M］. 广州：广东人民出版社，2002（4）：50 – 79.

［67］徐松，刘玉贵. 产业内贸易理论研究［M］. 长春：吉林大学出版社，2005（8）：79 – 98.

［68］鲁明泓. 中国产业内贸易指数的测算与评估［J］. 国际贸易问题，1994（5）：37 – 40.

［69］李俊. 产业内贸易指标及其优化［J］. 广东商学院学报，2000（7）：32 – 36.

［70］郭爱美，张小蒂. 关于完善产业内贸易指标体系的探索［J］. 生产力研究，2004（11）：161 – 162.

［71］王云飞，朱钟棣. 论产业内贸易的测量与中国产业内贸易的发展现状［J］. 上海立信会计学院学报，2005（7）：19 – 4，52 – 59.

［72］黄卫平，韩燕. 产业内贸易指标述评［J］. 财贸经济，2006（4）：19 – 22.

［73］徐娅玮. 中国产业内贸易的现状与成因分析［J］. 国际贸易问题，2001（12）：29 – 30.

［74］马剑飞，朱红磊，许罗丹. 对中国产业内贸易决定因素的经验研究［J］. 世界经济，2002（9）：22 – 26.

［75］陈讯，李维，王珍. 中国产业内贸易影响因素实证分析［J］. 世界经济研究，2004（6）：48 – 54.

［76］廖长友. 中国制造业产业内贸易影响因素的实证分析［J］. 西华大学学报（哲学社会科学版），2004（4）：45 – 47.

［77］陈伟，杨柳. 基于规模经济的产业内国际贸易研究［J］. 商业经济，2006（11）：27 – 28.

［78］廖翼，兰勇. 中国制造业产业内贸易影响因素实证研究

[J]．经济问题探索，2009（8）：1－7．

[79] 岳昌君．遵循动态比较优势．中美两国产业内贸易对比实证分析 [J]．国际贸易，2000（3）：26－28．

[80] 张小蒂，郭爱美．中国产业内贸易的发展现状及对策思考 [J]．国际贸易问题，2004（7）：5－8．

[81] 汤海燕，史智余，周甫军．影响中国与东盟产业内贸易发展因素解析 [J]．当代财经，2003（12）：89－91．

[82] 陈淑嫦，李豫新．国际商务 [J]．对外经济贸易大学学报，2009（2）：17－21．

[83] 丁振辉，孟思佳，王振．中俄产业内贸易实证研究 [J]．北方经贸，2010（9）：6－7．

[84] 赵放，李季．中日双边产业内贸易及影响因素实证研究 [J]．世界经济研究，2010（10）：35－40．

[85] 姚阳，齐绍洲．中欧制成品产业内贸易影响因素的稳定性检验与回归分析 [J]．法国研究，2010：83－91．

[86] 刘钧霆．中国与东亚经济体制造业产业内贸易影响因素实证研究 [J]．工业技术经济，2008（3）：56－60．

[87] 马征，李芬．从产业间贸易到产业内贸易 [J]．国际贸易问题，2006（3）：15－20．

[88] 宣烨，李思慧．产业内贸易与经济增长：基于协整关系的分析 [J]．商业研究，2009（11）：122－125．

[89] 杨婧，兰勇，周发明．中国制造业产业内贸易与经济增长关系的实证研究 [J]．软科学，2010（6）：20－26．

[90] 曾国平．对中国服务业产业内贸易状况的测算与分析 [J]．统计与决策，2005（11）：35－37．

[91] 宋玉华，刘春香．中国农业产业内贸易的实证研究 [J]．中国农村经济，2004（2）：30－37．

[92] 王晶．中国农产品产业内贸易现状分析 [J]．国际贸易问题，2008（1）：14－20．

[93] 周戈，任若恩. 中国产业内贸易现状及制造业的国际竞争力 [J]. 经济与管理研究，1999 (6)：32 - 35.

[94] 陈虎. 中国工业制成品的产业内贸易与国际竞争力 [J]. 江苏商论，2008 (11)：89 - 91.

[95] 仇怡，吴建军. 中国产业内贸易状况的实证研究1980 ~ 2006 [J]. 当代经济管理，2008 (6)：60 - 64.

[96] 迈克尔·波特. 国家竞争优势 [M]. 北京：华夏出版社，1998 (8).

[97] 马克思. 资本论第2卷 [M]. 北京：人民出版社，1975 (5).

[98] 王林生. 经济全球化与中国对外贸易 [J]. 国际贸易问题，2000 (11)：20 - 23.

[99] 赵春明. 国际贸易学 [M]. 北京：石油工业出版社，2002 (10).

[100] 项义军. 国际贸易 [M]. 北京：经济科学出版社，2004 (8)：50 - 90.

[101] 黄晶. 产业内垂直分工研究——基于产业组织的视角和中国的实证 [D]. 暨南大学博士论文，2009 (10)：21 - 22.

[102] 克鲁格曼，奥伯斯法尔德著. 黄卫平等译. 国际经济学：理论与政策（第8版）[M]. 北京：中国人民大学出版社，2011 (2).

[103] 林琳. 产业内贸易研究——一般理论与中国的经验分析 [D]. 山东大学博士论文，2005 (3).

[104] 林琳. 中国制成品进出口产业内贸易的实证研究 [J]. 世界经济研究，2005 (2)：39 - 43.

[105] 林琳. 技术创新、贸易竞争优势与出口绩效的实证研究——以山东省为例 [J]. 国际贸易问题，2008 (11)：68 - 73.

[106] 杨贵言著. 中日韩自由贸易区研究 [M]. 北京：中国社会科学出版社，2005 (5).

[107] 吴建伟著．国际贸易比较优势的定量分析［M］．上海：上海人民出版社，1997（11）．

[108] 王晶．我国农产品产业内贸易研究［M］．北京：农业出版社，2010（5）．

[109] 陈佳华．中国产业内贸易发展研究［D］．同济大学硕士学位论文，2007（12）．

[110] 黎振强．产业内贸易及其对中国经济发展的效应分析［D］．湖南大学硕士论文，2004（10）：30–35．

[111] 蒋昭侠．产业贸易理论教程［M］．北京：中国经济出版社，2008（1）：42．

[112] 李丽．产业内贸易对中国经济增长贡献分析［D］．海南大学硕士论文，2007（5）．

[113] 杨正位．中国对外贸易于经济增长［M］．北京：中国人民大学出版社，2006（7）：104–105．

[114] 江小涓．我国出口商品结构的决定因素和变化趋势［J］．经济研究，2007（5）：4–15．

[115] 金碚，李钢，陈志．中国制造业国际竞争力现状分析及提升对策［J］．财贸经济，2007（3）：3–10．

[116] 刘钧霆．中国与东亚经济体制造业产业内贸易影响因素的实证研究［J］．工业技术经济，2008（3）：57–60．

[117] 佟家栋．刘钧霆中日制造业产业内贸易发展态势的实证研究［J］．国际贸易问题，2006（1）．

[118] 喻志军，姜万军．产业内贸易现状的实证分析［J］．统计研究，2008（6）：35–40．

[119] 喻志军，姜万军．中国产业内贸易发展与外贸竞争力提升［J］．管理世界，2009（6）：173–174．

[120] 王鹏，石静．中国产业内贸易：基于国家特征的经验研究国际商务［J］．对外经济贸易大学学报，2006（6）：52–55．

[121] 马克思恩格斯全集（第2卷）［M］．北京：人民出版

社，1972：102.

　　[122] 马克思恩格斯全集（第3卷）[M].北京：人民出版社，1972：485.

　　[123] 马克思.资本论（第3卷）[M].北京：人民出版社，1975（5）：264.

　　[124] 列宁全集（第3卷）[M].北京：人民出版社，1959：44.

　　[125] 黄晓玲.中国对外贸易概论 [M].北京：中国对外经济贸易大学出版社，2003（7）：110.

　　[126] 张二震，马野青.国际贸易学 [M].南京：南京大学出版社，2003（2）：335.

　　[127] 约翰·梅纳德·凯恩斯著.高鸿业译.就业利息和货币通论（重译书）[M].北京：商务印书馆，2005（3）.

　　小岛清.对外贸易论 [M].天津：南开大学出版社，1987：242－243.